利回り20％をたたき出す

戸建賃貸運用法

浦田 健

ダイヤモンド社

分譲並みの戸建賃貸が
1000万円以下で作れる!

埼玉県さいたま市・本田金治オーナー〈仮名〉

→ p.198参照

3棟に入居申込みが8件！
申込倍率はなんと2.6倍！

パース

パース

「これ分譲ですか？」と近所の人が
間違うほどの仕上がり！

※パースと実際の建物は若干の違いがあります。

埼玉県熊谷市・饒田《にぎた》伊佐夫オーナー

➔ p.215参照

分譲並みの仕様なので、万一のときには売ることもできる。しかもローコストだから、含み益も十分見込める！

パース

5棟募集のところ内見者が8組！
わずか3日で満室御礼！

※パースと実際の建物は若干の違いがあります。

はじめに

初めて告白しますが、私はいま、戸建賃貸《こだてちんたい》に住んでいます。

アパ・マン経営専門のコンサルタントとして会社を立ち上げてから早4年。

人並みにマイホームを買えるだけの蓄えもできたのですが、家を買うつもりはまったくありません。


そうです。私は、一生賃貸派なのです。


しかし、一生賃貸派といえども、よりよい暮らしをしたいという願望はあります。

だからいま、私は自ら、戸建の賃貸に住んでいるのです。


実は、私と同じような考えの人はたくさんいます。

いまから2年ほど前、私は妻の何気ないひと言から、まったく新しい土地活用の手法を思いつきました。

それが、**戸建賃貸**です。

戸建賃貸とは、つまり、一戸建の住宅をそのまま貸家として貸し出す方法です。

この開発手法を思いついたとき、私は「これは、賃貸市場に革命を起こすかもしれない」と震えました。


なぜ、私は震えるほど興奮したのか？


それは、戸建賃貸には非常にたくさんの需要がありながら、その供給がほとんどない、という事実を知ったからです。

つまり、**「入居希望者はたくさんいるのに貸す家がない」というウハウハな状態**なのです。


普通のアパ・マンですと、限られた入居者を奪い合い、日々壮絶なバトルが繰り広げられています。

ところが、戸建賃貸に限ってはあなたの知らないところで入れ食い状態が続いているのです。

これから先、日本の地主さんや大家さんにとって、厳しい現実が待ち受けています。

人口減少、金利の上昇、そして消費税率アップなどの大増税……。

にもかかわらず、毎年、アパ・マンがどんどん新築されていく。

もし、あなたのアパートのすぐ隣に、最新のアパートができたとしたら、入居者を横取りされてしまうかもしれません。

さらに、泣く泣く家賃を下げる羽目になるかもしれません。

大家さんなら、誰しも空室や家賃の値下げを願う人はいませんね。

そうならないために、大家さんは、せっせとお金をかけて最新の設備を追加したり、リフォームにお金をかけるなどして、最新アパートと同じ土俵で勝負できるよう「大家業」に取り組んでいかなければならないのです。

このような努力を続けていくことはとても大切です。しかし……、

「できればこのような競争に巻き込まれることなく、ラクにアパート経営をしたいなぁ」


あなたも、一度はこのように思ったことがあるのではないでしょうか。

実は、その願いを叶えられる唯一の方法が、戸建賃貸なのです。

私はアパ・マン経営の専門家として、全国の大家さんから年間に何百もの相談を受け、さらに数多くのアパ・マン建築、不動産投資のお手伝いをしています。

しかし、どんなに即満室を実現したプランや、どんなに利回りのよい投資物件でも、大家さんなら誰しもが抱く「10年後、20年後の空室が不安だ」という感情を完全に取り除くことはできません。

確かに、戸建賃貸がどんなにすばらしい投資だとしても、あなたの不安を完全に取り除くことはできないかもしれません。

しかし、こういった大家さんの不安を極限まで取り除くことのできる方法が、たった1つあるとするならば、それは戸建賃貸しかないと確信しているのです。

では、なぜ、私がそのように確信するに至ったのか？

戸建賃貸のどんな魅力がそう思わせるのか？

その理由の一部をご紹介しましょう。

- 新築の戸建賃貸では、利回り12%、15%は当たり前。20%超も狙える！
- 中古の戸建賃貸にあっては、利回り46%、70%の超高利回りも！
- 新築なら、1棟当たり1000万円程度で建築できる！
- 中古なら、ローンなし数百万円の自己資金のみで購入できる！
- ファミリータイプの賃貸マンションに住んでいる人のなんと8割が見込客！
- すぐに入居者が決まる。さらに入居待ちができる！
- 駅から遠くても需要がある！（アクセスの悪さがハンデになりにくい）
- 土地を高値で売却することができる！
- 土地が小さくても、不整形地でも開発できる！（敷地20坪程度から開発可能）

これは、戸建賃貸の魅力のほんの一部です。

しかし、これだけでも、いままでアパート経営のデメリットだったことが、すべて吹っ飛んでしまうほどの魅力が戸建賃貸にはある、ということを感じていただけるのではないでしょうか。

この本でご紹介することは、私の勝手な思い込みによるものではなく、すべて**独自の調査と実践**に基づいています。

実際、私自ら、賃貸マンション6500世帯にポスティングを行い調査したところ、戸建賃貸の驚くべきニーズの高さを実感しました。

そこで、私が考えた戸建賃貸のコンセプトは**「売れる戸建賃貸」**です。

この「売れる戸建賃貸」をローコスト1000万円以下で作ることで、**いままでのアパ・マン経営にはなかったメリットをたくさん享受することができる**のです。

ところが、私が考えた戸建賃貸を1000万円で建築してくれる工務店はなかなか見つかりませんでした。

それならと、私自身が建築工事業免許を取得し、ついにクライアントに1000万円で売れる戸建賃貸を作って差し上げることができました。

2006年2月、**埼玉県さいたま市に3棟、熊谷市に5棟**、自らプロデュースし施工した戸建賃貸が完成しました（冒頭のカラー口絵参照）。入居者の反響は私の予想を上回りました。

さいたま市の物件は、完成前にもかかわらず、**相場より1割高い家賃で即満室。3世帯に8名の希望者が申し込む**という異例の事態となりました（申込倍率は**2・6倍**！）。

熊谷市の物件も、**わずか3日で5棟すべての入居者が決まってしまった**ほどです。

どんなにすばらしいアパ・マンを企画したとしても、現在の日本では、ひと部屋に2名の申込みをいただくということは不可能な時代です。

しかし、戸建賃貸ならそれが叶ってしまうのです。

このような結果になるのは明らかです。

なぜなら、戸建賃貸がいままでありそうで、ほとんどなかった貸家のスタイルだからです。

戸建賃貸は、大家さんだけでなく入居者にとっても、より理想に近い生活が実現できます。たとえば、戸建賃貸なら、上下階、お隣同士の生活音を気にせず暮らせる。ガーデニングができる。ペットが飼える。書斎が持てる。子供が伸び伸び育つ等々。

普通のアパ・マン暮らしだと叶えられないことが、ほとんど叶ってしまうのですから、戸建賃貸に人気が集まるのは当然なのです。

戸建賃貸は、これから先、賃貸市場のトレンドを担っていく大きな柱になる、私はそう確信しています。

そこで、この本で私は、戸建賃貸の需要と供給の実態について、戸建賃貸のメリット、1000万円以下で売れる新築戸建賃貸を作る方法、高利回りの中古戸建賃貸を手に入れる方法、全国戸建賃貸オーナーの告白、さらには、誰も教えてくれなかった！　戸建賃貸だからできる円満相続、についてお話ししていきます。

本書でお伝えするノウハウがあれば、競争が激化する賃貸市場にあっても、空き部屋の心配をすることもなく、**しかも誰よりも早く「金持ち大家さん」になることができます。**

これから先、賃貸市場の競争は激化していきます。

誰しも好んで競争したい人はいないと思います。しかし、私は、世の中の商売にラクして儲かるものはないと思っています。

ですから、いくら戸建賃貸がラクして儲かる商売だとしても、しっかり知識を蓄え、あなた自身の仕事としてきっちり取り組んでもらいたい！　そう思います。

もし、そのような覚悟があなたにできるのであれば、ここから先に読み進めてください。とっておきのノウハウをあなたにだけこっそりと紹介しましょう。


お客様の群れはあなたのすぐ目の前にあります。

後は、しっかり仕掛けを作り、糸を垂らすだけです。


さあ、準備はいいですか？

それでは、戸建賃貸の魅力、そしてそのノウハウをとくとご覧いただきましょう。

もう、アパート投資はするな！
利回り20％をたたき出す戸建賃貸運用法

［もくじ］

第5章 利回り20％以上の「中古戸建賃貸」をキャッシュで手に入れる方法……157

第8章 戸建賃貸だからできる円満相続の手続き——相続の基礎知識はこれで万全！……219

序章

「戸建賃貸」が全国300万大家さんを救う

ある平凡な家族の日曜の朝

いつもより遅い朝食が始まった。

というより、毎週日曜日、わが家の朝食は決まってこの時間だ。日曜は、いつも朝食と昼食が一緒になる。

娘は、起き抜けの朝食もそこそこに、ＤＶＤレコーダーに録画しておいた少女アニメをいつものように見始めた。

キャラクターと同じように踊り、同じように戦う。

決まってパパは悪役。オテンバ盛りだから相手をするほうも大変だ。

「うわ～ヤラレタ～」アニメの悪役をマネる。そして娘の決めゼリフ。

「とっととお家に帰りなさい！」

ドッタンバッタン、飛んだり、跳ねたり、そりゃもう大騒ぎだ。

一方、昨晩、バカ亭主に安眠を邪魔された女房の機嫌はすこぶる悪い。

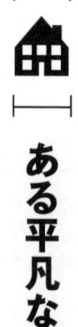

というのも、昨日買ってきたホームシアターセットをみんなが寝静まった夜中にセッティングをし始め、いきなりＤＶＤを見始めたからだ。

「うーむ、やっぱりホームシアターはすごい。まるでアリーナに座っているみたいだ」

しかし、この５・１chの感動も長くは続かなかった。爆睡していたはずの女房が両腕を腰に当て、鬼のような形相でこちらをにらんでいたのである。

「ねぇ、ちょっと何時だと思ってんのよ！」

一応気を遣って、ボリュームを小さくしていたつもりなのだが、どうやら５・１chの重低音が女房の安眠を刺激してしまったらしい。せっかくの高性能がアダとなってしまった。

「子供、寝てんのよ。それにこんな夜中に、だいたい近所迷惑でしょう。ウチはマンションなんだからね。ちょっとは考えて買い物してよ。だいたい相談もしないでさ。いっつも突然買ってきちゃうんだから！」

こんなことがわずか数時間前にあったものだから、娘をしつける声もいつにも増して殺気立っていたのである。

「ドンドンしないで！　近所迷惑でしょ！」

というより、あんたの怒鳴り声のほうが近所迷惑だと思うのだが……。

賃貸マンションに住んでいる人々の切実な悩みとは？

僕は、こう反撃したいのをグッと耐え、ダイニングチェアに腰を下ろした。

そして、飲み残しの冷めたコーヒーを一気に飲み干し、「ふぅ」と息を吐いた。

「はぁ～」

僕がひと息つくのと同じタイミングで、女房が大きくため息をついた。

「私だってね、別に怒りたくはないのよ。でもね、ミーちゃん日増しにオテンバになっていくんだもん。近所迷惑も気になるし、ストレスだって溜まりっぱなしなのよ」

疲れきった声で言った。

「でもなぁ、子供ってぇのは、みんなそうだろ」

僕はお約束の返事で返す。

「はぁ……、マンションって住みづらいなぁ……」

「……」

「ねぇねぇ、一戸建の賃貸ってないのかしら？」

「ん？」僕は女房の何気ないひと言に反応した。

「ほら、○○ちゃんちって、中古の一戸建を借りてるのよね。転勤で留守になるからってたまたま賃貸に出てたらしいのよ。一戸建なら近所迷惑にもならないって言ってたし、犬だって飼ってるんだよ。それに、家賃も私たちのマンションの家賃とそう変わらないんだって。ねぇ、一戸建の貸家がないかどうかウチも探して……」

「ちょ、ちょ、ちょっと待って。もし戸建の賃貸があったとしたら、引っ越したいってこと？」

僕は女房の言葉をさえぎって言った。

「うん」

「なるほどなぁ。一戸建だったら、マンションほどお隣さんを気にせずに生活できるねぇ」

「あっ」

その瞬間、僕はあることをひらめいた。そして、女房にこう言った。

「君の友達のほとんどは賃貸マンション暮らしだったよね。そしたら彼女たちも、もしかしたら一戸建の貸家があったら住みたいって思うのかなぁ？」

「うん、結構そういう人、多いかもしれないわね」

「じゃ明日さぁ、賃貸マンションに住んでいるママ友達に、もしいまと変わらない家賃で一戸建の貸家があったとしたら住みたいかどうかって、聞いてみてくれない？」

「いいわよ」


そして次の日の夜。


「どうだった？」

「うん、もしいまと変わらない家賃で一戸建の貸家があるなら絶対引っ越したいだって。考えていることはみんな一緒なのね」

「やっぱりそうか」僕は相づちを打った。

「しかも、もしそんな物件が近くにあるんだったら、多少家賃が高くなってもいいって言うママもいたんだよ。小さな子供がいるのに、マンションじゃ伸び伸び育てられないって。どこの家も同じなんだね。ウチも多少高くなってもいいから、一戸建の貸家に住みたいなぁ」

賃貸マンションに住んだことがある人ならわかると思うが、いくら鉄筋コンクリート（RC）のマンションでも、近所の騒音は気になるもの。特に、お隣さんや上階の生活騒音はとても気になるものだ。

私はコンサルティング会社の他に不動産管理会社も経営しているが、そこには管理しているマンションの住民からの、「隣の掃除機の音がうるさい、何とか言ってくれ」とか、「子供の足音が気になる」とか、「夫婦げんかの怒鳴り合いがうるさいから何とかしてくれ」などという生活騒音のクレームが結構多い。

しかし、どんなに注意しようが共同生活をしている以上、隣人の生活騒音はある程度は仕方のないこと。お互いが気を遣い合って生活する他ないのである。

その点、一戸建の貸家ならこのような心配は無用だ。

どんなに子供がドンドン暴れようが、ほとんどご近所様に影響はない。ホームシアターだって、そこそこの音量で楽しめるだろう。

「もしかしたら、一戸建の貸家はものすごく需要があるかもしれない」

私は妻のひと言で、こうひらめいた。

もし、それが事実だとすれば大家さんにとってもこんな大きなパラダイムシフトはない。

なぜなら、家賃は下落するものという常識論の中にあって、「家賃が多少高くなっても入りたい」などと回答するとは思いもよらないことだったからだ。

6500世帯のポスティングでわかった新事実

翌日、早速、会社で戸建賃貸の供給と家賃相場を調べてみた。

しかし、驚いたことに、その供給数は人口10万人のエリアでもほんの片手ほどしかなく、ほとんど供給がなかったのである。

これだけ、アパ・マンがあふれているのに、戸建賃貸はほんのわずかだったのだ。

さらに驚いたのは、私が住んでいる地域（千葉県北西部）で数少ない戸建賃貸の家賃を調べてみたところ、月15万円は当たり前、中には月20万円というものもあった。広さは70～90m^2、70m^2なら賃貸マンションでは最も広い部類に入る。

普通の感覚からすれば、「結構な家賃だなぁ」と感じるだろうが、90m^2の広さなら20万円を超える賃貸マンションもある地域だから、戸建の家賃がものすごく高いというわけではない。

また、戸建賃貸のほとんどは築10年、20年を超える中古物件。

新築で入居者を募集している戸建賃貸というものは、まったくなかったのである。

賃貸に出ていた戸建は、ほとんどが10年、20年の中古物件で、転勤やその他の理由によって持ち主が住まなくなった戸建しか存在していなかったのだ。

妻の聞き取り調査によって、ある程度、戸建賃貸のニーズがあるということはわかったが、私はもっと確かなデータがほしかった。

しかし、戸建の賃貸に関するデータなどはどこにもなかった。

そこで私は、自分で調査することを考え、31ページのようなアンケートを作成し独自で配ることにしたのだ。

配布の対象は、都心近郊の湾岸周辺エリアで家賃が10万円以上しそうな賃貸マンションの住人。

しかし、一見しただけでは、そのマンションが賃貸か分譲かはわからないが、建物に貼ってある不動産業者の管理看板が「入居者募集」となっていれば、賃貸マンションであると判別することができる。

私は、アンケートを４０００部印刷し、社員とパートスタッフの３人で自転車にまたが

★4000通のポスティングで107通の返信あり！

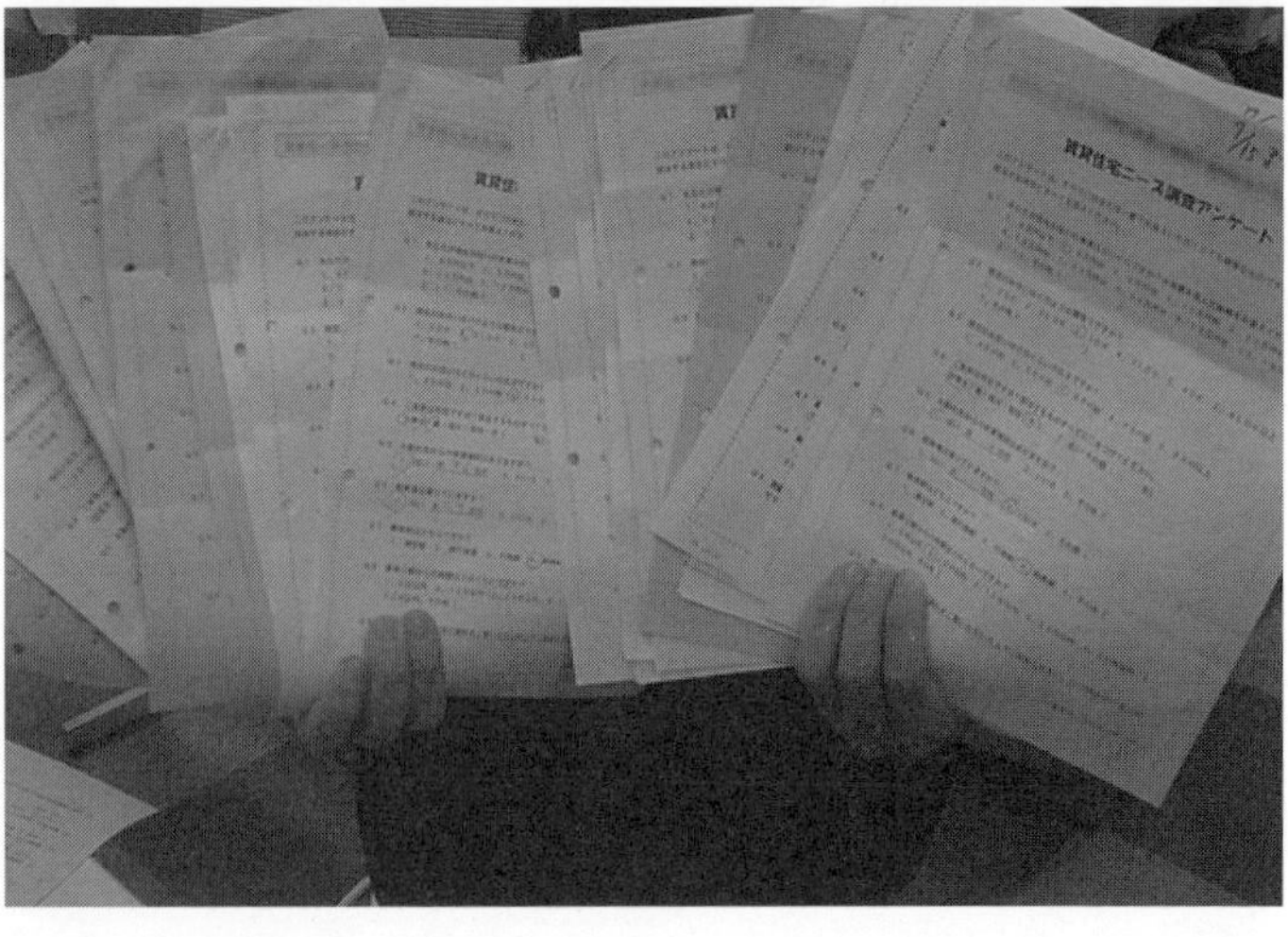

図1 ● 独自アンケートの内容

賃貸住宅ニーズ調査アンケート

このアンケートは、すべて○印またはひと言でお答えいただくとても簡単なものです。
該当する項目にすべてお答えください。

Q1　あなたが現在お住まいの家賃はおいくらですか？　共益費を含んだ総額をお答えください。
1、8万円以下　2、8万円台　3、9万円台　4、10万円台　5、11万円台　6、12万円台
7、13万円台　8、14万円台　9、15万円台　10、16万円以上　11、その他（　　　　　）

Q2　現在のお住まいはどのような間取りですか？
1、2DK　2、2LDK　3、3DK　4、3LDK　5、4DK　6、4LDK以上　7、その他（　　　　　）

Q3　現在のお住まいはどのくらいの広さですか？
1、40㎡台　2、50㎡台　3、60㎡台　4、70㎡台　5、80㎡以上

Q4　ご家族は何名ですか？　該当するものすべてに○をつけてください。
世帯主・妻・祖父・祖母・子（　　　名）・その他（　　　名）

Q5　お勤め先からの家賃補助はありますか？
1、はい　月　　　　万円　　2、いいえ　3、その他（　　　　　）

Q6　駐車場は借りていますか？
1、はい　月　　　　万円　　2、いいえ　3、その他（　　　　　）

Q7　最寄駅はどちらですか？
1、U駅　2、M駅　3、G駅　4、Y駅　5、その他（　　　　　）

Q8　最寄り駅からの時間はどのくらいですか？
1、5分以内　2、10分以内　3、15分以内　4、20分以内　5、25分以内　6、30分以内、
7、その他（　　　　　）

Q9　別紙の戸建賃貸住宅の資料をご覧いただいたうえでご回答ください。
（いずれかに○をつけてください）
1、このような賃貸住宅があったらぜひ住みたい。
・はい
・いいえ
2、「はい」に○をつけた方に伺います。下記のいずれかに○をしてください。
・いま住んでいるマンションの家賃と同じであればぜひ住んでみたい。
・多少家賃がアップしても住んでみたい（月　　万円のアップまでOK）。

Q10　戸建賃貸住宅に住みたいとご回答していただいた方へお伺いします。
戸建賃貸住宅であれば、最寄駅からの距離は何分まで許容できますでしょうか？
1、5分以内　2、10分以内　3、15分以内　4、20分以内　5、25分以内　6、30分以内
7、その他（　　　　　）

Q11　戸建賃貸住宅に住みたいとご回答していただいた方へお伺いします。
もし、あなたのお住まいの地域で、別紙のような戸建賃貸住宅が提供された場合、入居案内のご連絡をご希望されますか？
1、希望する　2、希望しない　3、その他（　　　　　）

ご協力ありがとうございました。

りポスティングを行った。

真夏の暑い日で、汗だくになっての作業だったが、思いどおりの反応が得られる期待が大きかったので、とても楽しくやることができた。

数日後、ポツリポツリとアンケートが返ってきた。

最終的に最初の調査では、4000部を配って107通のアンケートの返信があった。

私の経験上、マーケティングの調査をするうえでは、100通以上のデータがあればかなりの予測ができる。反応率は、私の当初の予想を上回った。

内容もほぼ当初考えていたとおりの反応だった。

驚くなかれ、**107人の回答者のうち、なんと約8割に当たる84人がもし戸建賃貸があったらぜひ住んでみたい**と回答してきたのである。

さらに、**そのうちの46人は、もし自分の住んでいる地域に戸建賃貸があったらぜひ連絡してほしい**、と回答してきたのだ。

これはどういうことを意味するのか。

それは、すでに入居待ちが46組もできてしまったということなのである。

さらに、マーケティング理論上、有効回答数のうち8割に当たる人が戸建賃貸に住んで

図2 ●戸建賃貸住宅に関するアンケート結果

●戸建賃貸住宅に興味はありますか？

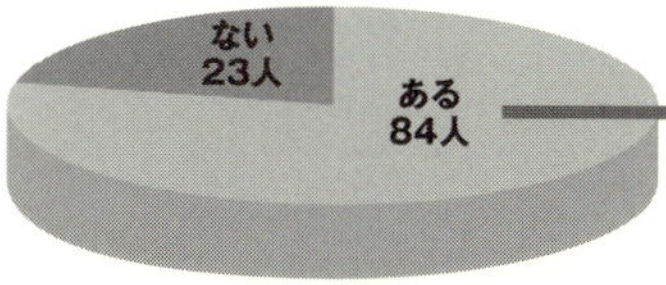

計107人

いま住んでいるマンションの家賃と同じぐらいであればぜひ住んでみたい。
→ 84人

戸建賃貸住宅には興味がない。
→ 23人

●もし、あなたのお住まいの地域で、別紙※のような戸建賃貸住宅が提供された場合、入居案内のご連絡をご希望されますか？

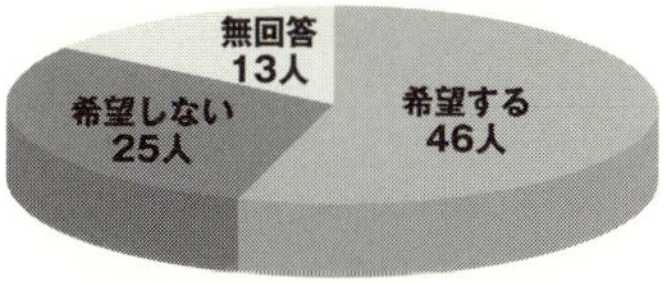

計84人

●戸建賃貸に住むなら、いまお住まいの場所より駅までの時間が何分程度遠くなってもいいですか？

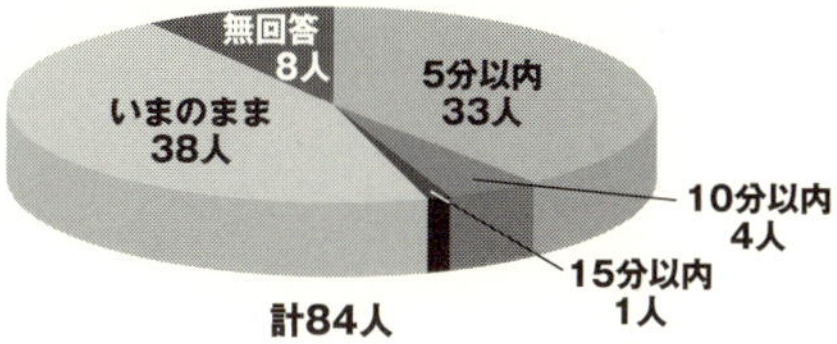

計84人

※冒頭のカラー口絵の物件（パース）をモデルとしてアンケートを実施。

みたいと回答したということは、アンケートの返信がなかった世帯でもその潜在ニーズが8割あるという可能性がうかがえる。

つまり、4000世帯のうちその8割に当たる3200世帯が戸建賃貸に住みたい、もしくは興味があると言っても過言ではない、ということになる。

分譲マンションや戸建分譲でも、建てる前からこんなに行列ができることは、バブル期以外では到底考えられなかったことだ。

もちろん、回答者の中には、「多少家賃が上がってもいい」、さらには「いま住んでいるところより多少遠くなっても住みたい」という人も結構いたのである。

その後、さいたま市周辺にエリアを変えて、2500世帯へポスティングを行ったが、やはり同じような反応が得られた。

これにより、私は「戸建賃貸のニーズは確かに高い」ということを確信したのである。

需要が8割なのに供給はわずか0・1%

賃貸マンション住まいの人の約8割が戸建賃貸に相当の関心と需要があるとわかった私は、次に、アンケート調査を実施したエリアに戸建の賃貸住宅がどのくらい供給されているかを調べることにした。

当初4000世帯のポスティング対象になったエリアの人口はおよそ18万人、世帯数で言うと、約8万世帯のエリアである。

「東洋経済別冊・都市データパック2003年版」(東洋経済新報社)※によると、このエリアの持ち家比率は約47%であるから、賃貸世帯は約53%ということになる。すると、8万世帯のうち、53%の約4万2000世帯の賃貸物件供給があるということがわかった。

※2004年、私がアンケート調査を実施した際、人口、世帯数、持ち家比率のデータを参考にした。

さて、この4万2000戸の賃貸世帯のうち、はたしてどのくらいの戸建賃貸の供給があったのか?

賃貸住宅情報の最大手リクルート社の「フォレント」によると、ズバリ47戸。4700戸ではなく、47戸である。賃貸物件の供給数が約4万2000戸だから、その比率はわずか0・1%しかなかったのである。

これは**賃貸住宅1000戸に1戸**の割合だ。極端に少ない。

確かに、このデータは「フォレント」に登録されている物件のデータであるから、HOME'S（ホームズ）やat home（アットホーム）などの他の媒体を合わせれば、もう少し戸建賃貸の供給は多いと思う。

しかし、媒体同士で物件がかぶっていることもあるから、すべて合わせても3倍にはならない。

結局、賃貸物件全体のコンマ数%しか戸建賃貸の供給がないという実態は変わらないのである。

なぜ、こんなに需要があるのに供給がほとんどないのか？

なぜ、こんなにも戸建賃貸の需要があるのに、戸建賃貸そのものの数が極端に少ないのだろうか？

それは大きく2つの理由が考えられる。

1つは、もともと定住するために購入した住宅が転勤や住み替えなどの理由で、貸し出されているということだ。

なぜ、このように言えるのかと言うと、戸建賃貸として出回っている物件のほとんどが築10～20年の中古物件ばかりだからである。

土地神話が全盛だった頃は、現在住んでいる家を売って大きな家に住み替えることができた。

しかし、いまは売ると損が出てしまうから、実は住み替えるときには売らずに賃貸に回しているものが多いのである。

賃貸市場に100m^2を超える戸建賃貸が出ているのも、このような理由からである。

次に、戸建賃貸の供給が少ない2つ目の理由、それは建築コストである。

たとえば、10戸のアパートを1棟建てるのと、戸建を建てるコストを比べると、建築業者にとっては戸建賃貸のほうが、規模も小さくスケールメリットに乏しいから割高になってしまう。

今回、アンケート調査をした地域だけに限定すると、30坪、3LDKの家を作るとすれば、総額1400万～1500万円のコストがかかるのが相場だ。

実際に、調査したエリアに配られる戸建のチラシを見ると、坪単価は50万円以上のものが多かった。

もし、戸建賃貸に坪50万円以上のコストをかけてしまうと、仮に家賃が15万円取れる地域だったとしても、利回りは12％程度しか得られない。

これなら、木造のアパートを建てるのと利回りはさほど変わらない。何しろアパートのほうが貸す部屋がたくさんあるので空室対策のうえでもリスクヘッジが効き、得られるキャッシュは戸建より多くなると考えるのは自然なのだ。戸建賃貸の入居率は、0％か100％しかないのだから。

さらに、建築業者のほうも一戸建よりも、アパートのほうが構造がカンタンだし、何しろスケールメリットが出るから売上的にも効率がよい。

だから、戸建の賃貸などわざわざ提案するまでもなかったのだと思う。

そこで私は考えた。

もし、戸建賃貸の建築コストを下げて利回りを魅力的なものにし、0か100かという戸建特有の空室リスクをなくせば、戸建賃貸の供給が増えるのではないかと……。

こうして、ローコストで魅力的な戸建賃貸の供給ができないか、そして戸建特有のリスクを回避するにはどうしたらいいのか、私の挑戦が始まったのである。

本書の効果的な活用の仕方

この本で、あなたにお伝えしたいことをひと言で言い表すなら、

「売れる戸建賃貸を安く手に入れれば、ウハウハな賃貸経営が実現する」

ということだ。

ただし、過去、私が書いたすべての著作において今後の賃貸市場を予測することから考え方を整理しているので、まずは各章順を追って読み進めていくことをお薦めしたい。

第1章では、「日本のアパ・マンが廃墟になる日」と題し、現在そしてこれからの日本で起こり得る賃貸業界の今後を実際のデータに基づき予測している。

しかし、もうすでに、戸建賃貸の魅力に十分お気づきになった方は、その辺のデータ的なことは読み飛ばし、第2章から読み進めていただいてもまったく問題はない。

第2章「『貸してよし・住んでよし・売ってよし！』戸建賃貸の魅力とは？」では、すでに戸建賃貸のオーナーである大家さんですらも、ほとんど気づいていなかった戸建賃貸の魅力のすべてについて解説する。戸建賃貸が、誰もが待ち望むローリスクかつ、極めて収益性の高い投資であることが十分理解できるはずだ。

第3章「一生賃貸！　でも戸建に住みたい」では、賃貸派と持ち家派の意識とコストの比較をする。戸建賃貸はその需要の高さから家賃を高く取ることが可能になるが、おそらくあなたは心のどこかで、「そんなに家賃を払うくらいだったら家を買う人がいるのではないか？」と感じているはずだ。

そこで、この章で私はいくら家賃が高くても「一生賃貸派」が存在することを証明しよう。一生賃貸派の意識が明確になれば、いかに戸建賃貸がこれからの時代にマッチした投資法、土地活用法であるのかが明確になるだろう。

第4章「安くて売れる『新築戸建賃貸』を1000万円以下で手に入れる方法」では、土地をすでに持っている地主さん向けに、売れる戸建賃貸を1000万円以下で手に入れる方法について解説する。また、安かろう悪かろうの家にならないために、素人でもできる現場のチェック方法も紹介しよう。

第5章「利回り20%以上の『中古戸建賃貸』をキャッシュで手に入れる方法」では、土地を持っていない人でも、どうすれば利回りのよい中古の戸建を手に入れることができるのか、その具体的な方法を紹介する。

実は、最近の不動産価格の上昇によって、投資をあきらめかけていた**サラリーマン投資家にも、中古戸建の投資はうってつけだ。**私は、今後金利が上昇していくことからもフルローンをして不動産投資をすることをお薦めしない。

その点、数百万円の自己資金で購入できるレベルの中古の戸建は、お手軽なだけでなく利回りが非常に高く儲かる投資なのだ。

さらにここでは、**「戸建賃貸の入居者をラクラク獲得する方法**についても解説していく。

第6章「戸建賃貸ならではのリスクとその回避法」では、戸建賃貸特有のリスクとその回避法について解説する。いかに戸建賃貸がローリスクであると言っても、それは戸建賃貸特有のリスクを承知したうえで成り立つことになる。

しかし、ここで解説することをあらかじめ承知し準備を整えておけば、突然の出来事にもあなたは十分対処することができるようになるだろう。

第7章「誰にも知られたくなかった！　全国戸建賃貸オーナーの告白」では、すでに戸建賃貸のオーナーになった大家さんの生の経営ノウハウを紹介する。

大家さんの実体験から学べることは非常に多い。あなたも戸建賃貸のオーナーになりたいなら、きっと先輩大家さんの貴重な体験は参考になるはずだ。

最後に、**第8章「戸建賃貸だからできる円満相続の手続き――相続の基礎知識はこれで万全！」**では、アパ・マン経営を行う際に切っても切れない相続対策について独自の切り口で解説した。

戸建賃貸は、相続対策上、最も優れた対策方法の1つだと言えるので、ぜひ参考にしていただければと思う。

差し当たって、まったく相続を考える必要がない人は読み飛ばしてもらっても一向にかまわない。相続対策が必要になると感じたときに目を通してもらえば結構である。

ただし、もしあなたが不動産系コンサルタント、もしくは建設不動産業界に身を置く営業マンであれば必ずこの章の内容はマスターしておいてもらいたい。

私は、過去さまざまな土地活用の企画書を目にしてきたが、1つとして3つの相続対策、すなわち、**圧縮、分割、納税対策**について正しく提案しているものに出会ったことがない。アパートを建てることが最大の相続対策だと、建築させること、ただその一点に集約されてしまっている提案書がいかに多いことか。

これからあなたが、コンサルタントとして大家さんから信頼を得られる真の専門家になりたいと望んでいるのであれば、相続対策に関するスキルは必須項目である。

さて、それではまず、今後のアパ・マン業界がどうなっていくのか知りたい方は第1章へ。

早速、戸建賃貸の魅力を知りたい方は第2章以降へお進みください。

第1章

日本のアパ・マンが廃墟になる日

なぜ、人口は減るのにアパートが増え続けるのか？

２００６年7月、新聞紙上では、「ついに人口減少」「出生率が今年も減少」の文字が躍り、ちょうど今年から日本の総人口は減少期に転じてしまった。

しかし、人口が減る一方なのに、アパ・マンなどに代表される貸家の住宅着工戸数は5年連続で増加している。

特に、２００５年度の貸家の住宅着工戸数は、前年度比10％の伸びを示した。

確かに、２０２０年頃までは、少子高齢化、核家族化によって世帯数は増えていくと予測されてはいる。

しかし、それを上回る勢いで賃貸住宅ラッシュが続いているのだ。

最近の不動産投資ブームで、昔からの地主さんだけでなく、サラリーマンなども積極的に不動産投資を行うようになった。

また、海外の投資ファンドもここ数年、各地の不動産を買いあさっている。最近では、不良債権物件もほとんど見られなくなり、不動産価格は上昇傾向だ。

それでも、不動産投資は、いまだ衰えてはいない。

では、賃貸市場はそれほど活況なのかと言うと、決してそうではない。

増えすぎたライバルが、これから減る運命にある入居者という限られたお客を奪い合う。そんな状況がもうすでに起こっている。これからの日本は不動産投資が活況だからといって賃貸市場が活況ということにはならないのである。


このように、数年前と現在とでは明らかに状況が変化している。

ほんの10年、20年前、アパ・マン経営は「箱を作りさえすれば埋まる時代」だったのに、現在は年々、入居者の獲得は困難を増すばかり。

これから先も入居者の獲得がいま以上にラクになることはない。

このように感じているのは私だけではなく、多くの人が感じているはずだ。


一方、日本の景気のほうは、やっと底を打ち、これから景気上昇の気運が高まっている。

その証拠に、2006年4月、日銀の量的緩和政策が解除され、ついで7月にゼロ金利政策も解除された。

しかし、市場ではすでにそれは折込ずみ。すでにローンの金利は半年で1%以上アップの急上昇。地価も上昇し、マンションの分譲価格も上がり始めた。

最近では、原油価格も上昇。それにつられて建築コストも上昇しているのである。

先日、私は鉄骨3階建のマンションの見積りをある業者からとったが、その金額は、なんと坪90万円を超えていた。

私がゼネコン営業マンだった90年代、鉄骨3階建を坪50万円台で請け負っていたから、それに比べれば目が飛び出るほどの金額である。

さらに、近いうちに消費税アップに代表される大増税もいまや秒読み段階だ。

このような景気の上昇にともなうインフレ兆候が至るところで見られるようになっている。

「景気がよくなるってことは家賃も上がるんだろう」

そう思っているあなたは大きな間違いを犯してしまう可能性大だ。

景気がどん底だった少し前。アパ・マンの魅力は、なんて言われていたかを思い出してほしい。

「景気が悪くても、家賃はそれほど下がらない、ローリスク・ミドルリターンの投資手法」だと言われていなかっただろうか?

バブルが崩壊して地価が10分の1になったというのはザラだったが、家賃は10分の1にはなってはいない。せいぜい2、3割減がいいところである。
と言うことは、逆に考えてみると、景気がよくなっても家賃はさほど上がらないという
ことが言える。
考えてみれば、これは当たり前のこと。なぜなら、現在の世帯数の増加（需要）を上回
る勢いでアパ・マン新築ラッシュ（供給）が続いているからだ。
住みたい人（供給）より、物件数（需要）が上回っているのに、家賃が高くなるはずが
ない。これは経済の原則に反する。
むしろ、この需給ギャップによって、ますます空室は拡大し、家賃相場は下落していく
という見方のほうが正しいはずだ。
確かに、私は「家賃を高く取る」というノウハウを書籍やセミナーで紹介してはいる。
しかし、ここで言う家賃アップは、大家さん自らが仕掛けて達成されるものであって、
景気がよくなったからといって、これからの日本においては、家賃が自然に上がるという
ことはあり得ないのである。

借りる人が減るのに、アパ・マンが増え続ける本当の理由

しかし、なんか釈然としない。

なぜ、これからますます需給のギャップが崩れていくのに建設会社やハウスメーカーは毎年、前年比を上回る勢いでアパ・マンを作り続けているのか？

実は、その答えは単純明快。

彼らの企業の目的が、「建物を作り続けること」だからだ。

それが彼らの使命、ミッションなのである。

需給が崩れようが、どうしようが、毎年売上を上げ、利益を出すことが企業のただ1つの存在意義。しかも、前年同比の売上、利益では株主は納得しない。

必ず、去年より今年、今年より来年というように、利益を積み増して株主に還元しなければならないという重大な責務を負っているのである。

おそらく、今後どんなに空室率が拡大しても、家賃の下落が続いても、賃貸住宅の新築はなくならないだろう。

それは彼らが、「建替需要」にターゲットを絞っているからである。

昔の古いアパートを建て替える場合、ほとんどの場合、以前よりも規模が大きくなる。規模が大きくなるというのは、つまり部屋が増えるということだ。

以前と同じ数だけ建て替えれば供給が増えることはないが、実際は元より大きく建てて収益性をアップさせることが建前だから、建替えによって物件数はどんどん多くなるばかりなのである。

今後10年で空室率は20％に!?

需要と供給のギャップが崩れているという事実は、データを見ても明らかである。

その根拠は、２００４年に発表された総務省統計局の「住宅・土地統計調査」による。この調査は、５年に一度実施されるもので、最新のものは２００３年10月１日現在のものである。

この調査には、空室率というデータは載ってはいないが、住宅総数と総世帯数のデータがあるから、そこから空室率を導き出すのはカンタンだ。

つまり、空室率は住宅総数に占める総世帯数の割合を求めればいい。

計算式にすると次のようになる。

空室率＝総世帯数÷住宅総数

実際のデータによると、総世帯数は約４６８６万世帯。一方、住宅総数は約５３８９万戸になり、住宅総数が総世帯数を約７０３万戸上回っている。

つまり、日本全国で空家が７０３万戸あるということになる。

空室率にすると、約13％。

ただし、この中には、別荘などのセカンドハウスや売却予定で貸し出していない住宅等も含まれているから、正確な空室率を反映しているものとは言えない。

ただし、そういった不確定な数を差し引いても、空室率は概ね10％はあるということは言えると思う。

前回、１９９８年の調査では、空室率が約12・６％だったから、１９９８～２００３年の５年間で、空室率は約０・５％増加したことになる。

空室率の拡大は、５年間でわずか０・５％程度だからと言って無視はできない。

なぜなら、上記の5年間では、まだ人口や世帯数も伸び続けていたからである。

これから人口は減っていくが、世帯数が伸びる余地はまだある。

しかし、それを上回る勢いでアパ・マンが新築されていくから、今後10年でますます空室率が拡大するのは火を見るより明らかなのだ。

これは推測の域を脱しないが、私は今後10年で全国的な空室率は15％になると予測している。

実際、局地的な空室率を見れば、大阪などは２００３年の調査で、すでに15％を超えているから、今後10年で空室率が20％になるところが出てきてもおかしくはないのである。

これからのアパ・マン経営は「ミドルリスク・ミドルリターン」

このようなことからも、これからのアパ・マン経営は「ミドルリスク・ミドルリターン」の投資手法ではないかと考えている。

２００３年12月、私が初めて本を書いたとき、私はアパ・マン経営の特徴を「ローリスク・ミドルリターン」と言っていたが、現在では少々考えが変わってきた。

これだけ賃貸住宅が多くなると、積極的に大家さん自身がアパ・マン経営に取り組んでいかないと、気がついたときには空室だらけになっている可能性が大きいからである。

しかし、アパ・マンが死ぬほど多くなって困るのは大家さんだけだ。不動産業者は一向に困らない。

なぜなら、アパ・マンの供給が過剰になっても、入居者の数が減るわけではないからだ。不動産業者にとっては、紹介できる物件の選択肢が広がるから、むしろ成約させやすい状況なのである。

不動産業者は基本的に手数料商売だから、あなたの物件の空室が拡大しても困らない。だから、これからは大家さんが積極的にアパ・マン経営に取り組んでいかないと、誰も助けてはくれないのである。

長期的に見れば、人口減少にともない入居希望者の数は減っていくだろうが、これから増え続けるアパ・マンの比ではないのだ。

大きな借金の割に、利回りはそこそこという現実

これからのアパ・マン経営がミドルリスク・ミドルリターンになると考えさせられる理由がもう1つある。

アパ・マンの利回りの限界点は、およそ13～14%程度になる点である。

もちろん、これは土地を所有していて新築した場合の利回りで、相当高い家賃が見込める地域ということが前提ということでの話だ。

平均的なレベルで言えば、11～12%の利回りであればまずまずの計画であるということが言えるだろう。

最低でも10%以上確保できない企画を私がお薦めすることはないが、まだ8%程度の利回りのアパ・マン経営を提案するバカな業者もいるから注意が必要だ。

ここで言う利回りは、俗に「表面利回り」とか「単純利回り」とか言うもので、年間の家賃収入を総事業費で割って求める。

利回りが10%というのは、たとえば、5000万円投資すると500万円のリターンがあるということだが、アパ・マンの場合、ほとんどが銀行からの借入れで事業費をまかなうので、この500万円のキャッシュが手元に残るわけではない。

そこから管理費やら修繕費やら固定資産税などを支払い、ローンの返済を差し引かなければ、本当に手元に残るお金にならないのである。

では、実際に手元に残るキャッシュがいくらなのか。私の経験上で言えば、利回りが12％でフルローンの場合の手取り額は、およそ3～4％程度になる。

仮に、５０００万円の投資額だとすると、よくて２００万円。悪ければ１５０万円程度のキャッシュが得られるということだ。月々の手取りにすると、約12万～17万円程度である。

もし、アパートを建てる前にあなたが駐車場経営をしていたとして、その駐車場からの売上が月々10万円そこそこだったとしよう。

すると税金対策でもない限り、借金を抱えてまでアパ・マン経営が驚くほどすばらしい土地活用法とは言えないことがおわかりいただけると思う。

逆に、そのまま駐車場にしておくのと、５０００万円を借金してアパートを建てるのとどちらが枕を高くして寝られるだろうか。

おそらく、そのまま駐車場を運営していたほうが枕を高くして眠れるに違いない。

このように、アパ・マン経営は投資額の割に、劇的なキャッシュが生まれるという商売ではないのである。

さらに、これから空室率が拡大することを考えると、以前のようにアパ・マン経営がローリスクであるとはお世辞にも言えない。

一方、戸建賃貸なら期待できる利回りはアパ・マンの比ではない。10％、15％は当たり前、エリアによっては20％の利回りが期待できる。

とは言え、私は決して「もうアパ・マンがダメだ」と言っているわけではない。

私自身がアパートの大家であるし、現在でもアパ・マン企画のお手伝いをしているので、建築をお薦めする場合もたくさんある。

クライアントさんの資産状況によっては、当然、より大きな規模の開発をしたほうがその土地を十分活かせるといったことも実際には多いのである。

どういう形があなたの資産を一番活用できるのかは、それぞれにメリットとデメリットがあるから、その点を踏まえたうえで、企画を煮詰めていく必要があるということを、強調しておきたい。

アパ・マン建設で、空室の悩みは解決されるのか？

「現在、あなたにとって一番の関心事は何ですか？」

私は、年に数十回ほど全国各地の大家さんの前で講演する機会があるが、講演を始める前、聴講者である大家さん全員に必ずこう質問する。

すると、ほとんどの大家さんが、「空室」と答える。

これは、現在、満室経営をされている大家さんでも、これからアパート経営を始めたいという大家さん予備軍の方も一緒。

みんな口をそろえて「空室」に関心がある、と答える。

将来、人口が減り、建物が老朽化していく現実の中で、空室になることがとても不安であるというのだ。

「空室」ということは、家賃を払ってくれる入居者がいないということ。

家賃が入らなければ、利益が減る。利益が減れば、借入返済もままならない。

どんなにすばらしい税金対策をしようが、満室にするのが先。空室だらけならどんなにすばらしい税金対策もまったく意味をなさないのである。

この点、大家さんは中小企業の社長と同じだ。なぜなら、今日の売上が上がらなければ、明日の返済が滞ってしまうという不安を常に抱えているからである。

このように、大家さんにとっての最大の感心事は「空室」なのである。

だから、これからアパ・マンを建てる人なら誰でも、とにかく空室にならない物件を建てたいと考えるのは当然なのだ。

そこで、建物を最新の設備、仕様にし、いつまでも人気のあり続ける物件を！　とがんばるわけだが、それも10年も経てば当たり前のものになってしまう。

さらに、大家さんが考えることはみな一緒。「常にあの物件よりもいいものを」ということを考えているので、毎年、近くに自分の物件よりちょっといい物件が次々に新築されていくことになるわけだ。

そして、限られた入居者を奪い合う。このようにして、ますます大家さん同士の競争は熾烈さを増す。

あなたが、「土地活用ならアパ・マン」という固定観念に捉われ続ける限り、「空室」の不安を取り除く根本的な解決法はないのである。

「アパ・マン戦国時代」を生き残る2つのポイント

では、もしあなたが、これからアパ・マンを建てようと考えているのならどうすればいいのだろうか。

このような「アパ・マン戦国時代」にあなたが勝ち残っていくためには2つのポイントがある。

1つ目は、入居募集の方法を既成概念に捉われず、いろいろ工夫すること。
2つ目は、まったく違うコンセプトの商品を供給することだ。

まず、入居募集の方法を工夫するということだが、私は、2004年12月に、出版業界で初めて丸々1冊空室対策を凝縮した本、『「金持ち大家さん」だけが知っている空室が満室に変わる究極の方法』（日本実業出版社）を出版した。

この本の内容は、いままで常識では行われていなかった入居募集のノウハウばかりだが、実際に10室中８部屋も空室があった大家さんが、愚直にこの本のノウハウを実践したところ、半年で満室になったという事実がある。

しかも、家賃を数千円上げることもできたというから、このノウハウの効果はお墨つきだ。大まかに、このノウハウを要約すると、次の２つに集約される。

・内見希望者をガバッと集める
・その内見者と高確率で成約する

入居者は、実際にあなたの物件を見ずに契約をすることはないから、まずは内見希望者をたくさん集めることが重要になる。

そのために、募集図面を工夫し、数多くの不動産業者にあなたの物件を宣伝してもらい、さらにはインターネット上にもあなたの物件を効率的に流通させ、広く網を張らなければならない。

そこで集めた内見希望者を実際に物件に案内するわけだが、そこではあなたの物件の魅力を１２０％内見者に伝える工夫が必要になる。

たとえば、複数の不動産業者に募集を依頼した場合、ほとんど、あなたの物件の魅力を十分伝えることはできないと思う。

そこで、部屋にはPOPを貼って設備機器や間取り、防犯設備の説明をしたり、入居のしおりを備えつけ、どの不動産業者が内見者を案内しても、あなたの物件の魅力が120%伝わる工夫をしておくのである。

内見者をガバッと集め、内見現場に高確率で成約させる工夫が徹底してあれば、後は満室になるのも時間の問題だ。

ちなみに、私の経験上、何の工夫もしない場合の一般的な成約率は、中古で2割、新築でもよくて3割がいいところである。

数で言うと、新築で3人に1人、中古で5人に1人が成約する。

つまり、**中古であれば、入居者1人を決めるのに、内見者が最低5人必要になる**ということになる。

しかし、この成約率アップの工夫をすれば成約率は1割ほどアップする。

「なんだ、たった1割か！」とあなたは思うかもしれないが、この「たった1割」だけでも、随分と満室にするのはラクになるはずだ。

余談になるが、私のところには空室相談がひっきりなしに寄せられる。ほとんどが「家賃を下げたほうがいいんでしょうか？」という質問だ。

そこで私が「では、内見者は何人きていますか」と聞くと、ほとんどが2～3人と答えるのである。

確率論からすると、まだ成約に至る内見者の数に達していないわけで、少なくともあと2～3人の内見者が必要なのだ。

現段階でまだ入居者が決まらないのは、家賃と断定するにはまだ早い。

誤って値下げをしてしまうと、余計に損失が拡大してしまうこともあるのである。

もし、**5人以上の内見者がいても成約しないのなら、そこで初めて現在の家賃設定を疑うべきなのだ。**

話を元に戻そう。

このアパ・マン戦国時代を生き抜くための**もう1つのポイントは、まったく違うコンセプトの商品を供給することである。**

なぜ、競争になるのかと言えば、同じモノを大量に供給しているからである。

だから、限られたお客を求めて常に奪い合いが起こっているわけだ。

何度も言うように、あなたも「こんなにたくさんアパートがあるのに大丈夫なのだろうか?」という不安を一度は感じたことがあるはずだ。これは、あなただけではなく、大家さんなら誰でもこのような不安を常に感じているものなのである。

では、競争に巻き込まれないためにはどうしたらいいのだろうか?

それは、まったく競争にならない新しいコンセプトを打ち出した商品を提供することなのだ。

もう少しわかりやすく言うと、需要はあるのに供給がない商品を見つけて、それを提供すればいい。

そこで、私が思いついたのが、「戸建賃貸」というコンセプトなのである。

しかし、このコンセプト自体、別に私が最初に思いついたというわけではない。戸建賃貸の魅力に気がつき周りを見てみたら、数こそ少ないが、戸建賃貸は存在したのである。

数が少ない理由の1つは、前述したように、もともと持ち主が何らかの理由で住まなくなった古家が賃貸市場に出てきているにすぎないからである。

最近では、ちらほらと賃貸専用として新築された戸建が出始めたが、それもあまり目立っていない。

なぜ目立っていないのか？

それは、戸建賃貸の本当の魅力を大家さんはおろか、作る側も理解していないからである。

そこで次章では、戸建賃貸の真の魅力について存分に解説することにしよう。

戸建賃貸の真の魅力を知ると、もはや、あなたの投資の選択肢にアパ・マンは存在しなくなるかもしれない。

第2章

「貸してよし・住んでよし・売ってよし！」戸建賃貸の魅力とは？

戸建賃貸は「ローリスク・ハイリターン」

前章で私は、これからのアパ・マン経営は「ミドルリスク・ミドルリターン」になると言った。

戸建賃貸も、アパ・マン経営と同じく賃貸経営の一形態だが、リスクとリターンの関係はまったくの逆。誰もが望むローリスク・ハイリターンになると考えている。

それでは、なぜ戸建賃貸がローリスク・ハイリターンの資産活用法なのかを詳しく説明していこう。その理由は10個ある。

①ほとんど供給がなく予定客をつかみやすい。
②戸建なら利回り15%以上、中古ならなんと70%超も！（205ページ参照）
③駅から遠くてもニーズがある。
④いったん入居すると、出られなくなる。
⑤管理の手間がかからない。

⑥土地が小さくても開発が可能。
⑦土地の担保提供が少なくてすむ。
⑧戸建なら2割安く売って2割儲かる。
⑨「眠った資産」から「稼動する資産」への組換えが容易になる。
⑩仲よく分割できるから〃争続〃知らず（相続人が自由に売却、運用、住宅として利用ができる）。

それでは順に解説していこう。

①ほとんど供給がなく予定客をつかみやすい

戸建賃貸の魅力は、潜在的な需要がたくさんあるのに、その供給が極端に少ないことにある。私が千葉県北西部のあるエリアで調査したところによると、**もし戸建賃貸があったら、紹介してもらいたいという賃貸マンション住まいの人が46世帯もいた**ほどである。

つまり、物件がないのに入居待ちができてしまったということだ。

熊谷市で私がプロデュースした戸建賃貸などは、立地的には辺りがほとんど田んぼに囲まれた場所にもかかわらず、完成からたったの3日で全棟が満室になったほどだ（冒頭のカラー口絵参照）。

それだけ戸建賃貸は、供給数が少ないのである。

また、最近では、アパートや賃貸マンションを建て始める前から入居待ちができるということはほとんどないが、戸建賃貸には入居待ちを意図的に作り出せるだけの需要がある。需要が多いということは、たとえば、私が行ったアンケート調査などを建築前に行って、入居者希望者を先に募ってから戸建賃貸の建築を始めるといったことも十分できる。

私がプロデュースしたさいたま市の戸建賃貸では入居こそできなかったが、アンケートの回答者の中から、実際入居希望者は現れている。

アパートなどは新築して満室になるまでは、何かと不安なものだ。しかし、戸建賃貸なら建築前に入居希望者を見つけることができるから、枕を高くしてグッスリ眠ることができるのである。

②戸建なら利回り15％以上、中古ならなんと70％超も！

戸建賃貸のメリットはなんと言っても、利回りがよいことである。新築なら利回り15％、エリアによっては20％以上も可能になる。

また、中古の戸建であれば、かなり安く数百万円から投資できるので、貸し方やエリアによって、なんと利回りが46％（２０９ページ参照）というものや、70％を超えるような鬼のような利回りをたたき出す大家さん（２０５ページ参照）も存在する。

私は過去、何十棟もアパ・マンのプロデュースをしてきたが、新築で20％の利回りが狙えるアパ・マンの企画をしたことがない。

また、株以外の投資で利回り40％、50％などという利回りにお目にかかったことがない。しかも株だとリスクは高いが、戸建賃貸の場合は、利回りが高いというだけでなく、万一入居者がいなければ、自分で住めばいいし、一般に売却して利益を出すことも可能だからリスクは小さいという点がすばらしい。

一般的に、新築のアパートなら、よくても12～13％の利回りがいいところだ。ハウスメーカーなどは利回り8％のアパートをいまだに提案していたりするから、20％の利回りがいかに魅力的かおわかりいただけるだろう。

たとえば、私がポスティング調査したエリアの戸建賃貸に30坪の2階建で月18万円というものがあった。

このエリアに、私がプロデュースした戸建賃貸なら、1000万円で建築することができるから、その利回りは、18万円×12か月÷1000万円＝21・6％になる。

仮に、**家賃が15万円だったとしても、18％もの利回り**。

さらに、**家賃が13万円でも、15％以上の利回り**が確保できるのである。

もし、20％の利回りが確保できるとすれば、自己資金で建てれば、単純計算で投資したとえば、**1000万円はわずか5年で元が取れてしまう**計算になる。

たとえば、娘思いのお父さんが、娘夫婦の家を建てる場合でも、5年間賃貸として貸し出し、元を取ってから娘夫婦に住まわせれば、タダ同然で家を手に入れることができるから、こんなに魅力的なことはない。

一方、中古の一戸建は、未開拓の分野なので探せばかなり安い物件が手に入る。

なぜ、安く手に入れられるのかと言うと、考えられる理由が２つある。

１つは、戸建賃貸の分野に投資家が注目していなかったからである。

戸建になると、入居率が０か１００かになってしまうので、リスクが高いと考えられていることも理由の１つだと思う。

２つ目は、売主が損失をあまり考えていない、ということがある。

どういうことかと言うと、売主は、もともとその家を投資目的ではなく自分で住むために購入している。

古い家ならローンも完済していることも多いから、買換えのための頭金の足しになれば……程度の売値を考えている売主もいるのである。

だから意外に指値をすると、その指値がそのまま通ってしまうことがあるわけだ。

当社のコンサルタントである谷本シンさんは、中古の戸建を購入し、**46％**もの利回りをたたき出している。

もともと６５０万円で売りに出ていた一戸建を４５０万の指値で買付けを出し、キャッシュで一戸建を購入した。ちょうど売主は新しい家を買ったばかりだったので、その頭金になればということで彼の指値を受け入れたのである。

後で、ご登場いただく札幌市の加藤ひろゆきさんは、もっとすごい(205ページ参照)。札幌市郊外にある中古の一戸建が相続のために250万円で売りに出ていたところを55万円という鬼のような指値をしたところ、なんとそれが通ってしまった。リフォームなどに多少の資金負担を要したが、その後この物件の利回りは**72・7%**になっているから驚きだ。

このように、中古でも、タイミングよくこのような売主に出会うことができれば、恐ろしく安く一戸建を購入することもできるのである。

③駅から遠くてもニーズがある

「もう少し、駅に近かったら、アパート建てるのになぁ」

アパ・マンが供給過剰ないま、このように考えている地主さんは多い。

一般的に、アパ・マン経営の成功は、立地条件によってその安定性は大きく左右されると言われるが、立地が不利だということを理由に土地活用を思いとどまっている地主さんは多い。

もっとも、同じような地域にすでに同じようなアパ・マンがたくさんあるのに、同じようなものを建てるとすれば、それは立地のよいほうに人気が集中するのは当然だ。

しかし、戸建賃貸のように、まったく違うコンセプトの商品を提供した途端、立地の悪さが逆にメリットになってしまうのである。


戸建賃貸のニーズ調査をしてみて興味深かったのは、「駅から遠くても戸建賃貸のニーズは高い」ということである。

実際、戸建賃貸に興味があると答えた84人の内、**約45％の38人が、戸建賃貸なら現在よりも5～15分、駅から遠くなってもいいと回答した**（33ページ参照）。

数字だけ見ると、そんなに多くはないような気もするが、これは極めて意味深い結果であったと思う。

なぜなら、これまでの常識から考えると、「駅から遠くなってでも住みたい」などということは考えられないことだったからだ。

なぜ、駅から遠くなってもいいという声があったのか？

その理由を考えてみると、ファミリーの場合、住まい選びに一番の決定権を握っているのは、実は普段あまり駅を利用しない奥さんだからである。

何を隠そう、私が現在住んでいる戸建賃貸に住むことを最終決定したのも私の妻だ。戸建賃貸なら、旦那に通勤の不便さを多少我慢してもらえれば、現在よりも格段に快適な暮らしが実現するのである。

アパ・マンの場合は、どうしても通勤アクセスのよさが、賃料や空室率に現れやすくなってしまう。

ところが、住まいは、普段駅を利用しない奥さんが決定権を握っているから、駅から遠くても戸建賃貸の需要は高いと言える。

このような立地のハンデを克服できるのも、戸建賃貸の魅力の1つ。いままで、「駅から遠いから……」とアパート経営をあきらめていた地主さんにも、戸建賃貸なら現在の土地を最大限に活かすことができるようになるのである。

④いったん入居すると、出られなくなる

戸建賃貸の入居者は、いったん住むと出られなくなる。

実際に戸建賃貸に住んでいる私が言うのだから間違いない。

家を住み替えるときに、グレードを下げる人はあまりいない。これは車の買換えパターンに似ている。

たとえば、カローラからクラウンに乗り換えてきた人が、クラウンの次に乗り換える車はクラウンかそれ以上のグレードだろう。

せっかく、クラウンに乗れるまでに人生のステージを上げてきたのに、また独身時代と同じカローラに乗り換えるのはかなり抵抗があるというものだ。

同じように、住まいも人生のステージとともにグレードアップしていくものなのである。

とすれば、入居者にとって、いまのところ戸建賃貸ほど住みやすい家がないとすれば、転勤のようなことがない限り、退去せずに長く借りてくれる可能性が高いということだ。

いまの時代、長く住んでくれるということは、大家さんにとっては非常にありがたい話だ。

いったん住むと出られなくなる。そんなアリ地獄のような経営が叶ってしまうのが戸建賃貸の魅力なのである。

⑤管理の手間がかからない

戸建賃貸には、管理の手間がほとんどかからない。

実際に、戸建賃貸のオーナーは、口々に「管理がラク」だと言っている。

アパ・マンの場合には、共用部分の掃除やゴミ置き場の掃除は大家さんの役目。雑草が生えてくれば、大家さんは草刈だってやらなければならない。

しかし、戸建賃貸の場合は違う。掃除や草刈は、入居者が自主的にやってくれる。これは、大家さんにとっては非常にありがたい。

気がつけば私も、庭の掃除は誰に言われることもなく自分から進んでやっていた。

アパートだとさほど気にならないゴミや落ち葉が、戸建だとやたら気になるのである。

とは言え、戸建の場合は雑草を刈ったり、掃除をするのはとてもいい気分転換になる。

また、戸建ならガーデニングも自由だから、子供と土いじりをしながら四季折々の花を楽しむこともできる。

このように戸建賃貸は、単に管理がラクだということ以上に、入居者にとってもより「住」を楽しむことができるスタイルだと言える。

⑥土地が小さくても開発が可能

戸建賃貸なら土地が小さくて活用をあきらめていた人でも、その土地を最大限活かすことができるようになる。

通常、アパ・マンを建築する場合、20坪程度の土地ではたいした開発はできない。と言うより、そのような土地にアパートなどは建たない。

その点、戸建賃貸なら、いままで駐車場としての利用価値しかなかった土地がブンブンキャッシュを生む資産に生まれ変わる。

また、**戸建賃貸は貸家なので、土地の固定資産税評価や相続税評価額もぐんと下がり節税にもつながる。**

さらには、旗上敷《はたじょうしき》地《ち》などで開発をあきらめていた変形な土地にも、戸建なら余裕を持って建てることができるかもしれない。

このように、小さく建て、高利回りをたたき出せるのが戸建賃貸の魅力なのだ。

図3●旗上敷地とは

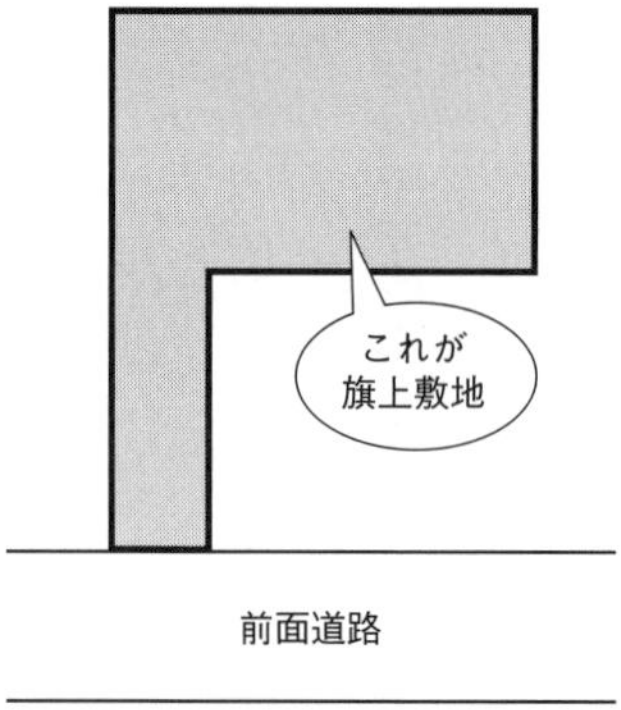

旗上敷地とは、奥のほうまで入らないと敷地にたどりつかない土地のこと

⑦土地の担保提供が少なくてすむ

戸建賃貸はアパ・マンほど多くの資金を必要としない。

通常、アパ・マンを建築する場合、全額自己資金で建てる人はいない。ほとんどの人は、その敷地と建物全体に担保いっぱいの借入れを行って建築することになる。

ところが、現在の銀行の担保評価では、アパ・マンの事業費を全額担保することはほとんどできず、担保割れしてしまうケースが多い。

そこで、担保の足りない分は自己資金を入れるか、フルローンの場合には金利にその担保割れ分のリスクが上乗せされることになる。

その点、私がプロデュースした戸建賃貸は、１棟当たり１０００万円以下で作ることができるから、少し資金的余裕があれば、あなたのポケットマネーでも作ることができる。

仮に、ローンを組んだとしても土地建物の担保が3～4割は余るはずだ。

担保に余力があれば、他に不動産を買うときなどは、その余力を追加担保として提供することもできる。

では、具体的にどのくらいの担保に余裕ができるのか、数字で見てみよう。

土地の担保力を見る場合、その担保の評価は時価をベースにするとその約60％となる。

建物の場合は、固定資産税評価額相当だから、新築の場合、その価格の約70％が担保評価だ。

仮に、敷地30坪で時価が坪50万円。建物が１０００万円だったとしよう。

すると、その担保評価は……、

50万円×30坪×60％＝９００万円（土地）
１０００万円×70％＝７００万円（建物）

土地９００万円＋建物７００万円で、合計１６００万円の担保評価となる。戸建賃貸建設に必要な担保は１０００万円だから、６００万円分もの担保余力ができるから随分と余裕だ。

これは、とても大きな意味を持つ。と言うのも、地価が低い地方圏でも担保割れすることがなく、資金を調達することができるようになるからだ。

また、担保に余力があると、万一事業がうまくいかなくなったときでも、土地建物をそっくり持っていかれてしまうことがなくなる。

このように、何事も余裕があるというのはいいこと尽くめなのである。

⑧戸建なら2割安く売って2割儲かる

土地をできるだけ高く売りたい。

あなたがこのようなことを考えたとき、戸建賃貸ならそれが容易に叶ってしまう。

通常、土地を売るとき、その土地は、「更地」か、すでに「建物」が建っている状態だろう。もし、その土地が更地の場合、買主として最初に名乗りがあがるのは戸建分譲業者、いわゆる戸建デベロッパーである。

彼らは、土地を仕入れて、家を建て、私たちに販売することで商売が成り立っている。だから、土地はできる限り安く仕入れようとするわけだ。

ちなみに、彼らが狙った土地は広ければ広いほど安く買いたたかれてしまう。


一方、売地に建物が建っているケースを考えてみよう。

たとえば、アパートが建っているケース。アパート購入の基準は、利回りである。どんなに土地に価値があっても、投資家は期待する利回りが確保できるかどうかで購入金額を決定する。だから、売主の売却希望価格で売れないことも多い。

しかし、戸建購入者の価値基準は、周辺の住宅相場で成り立っている。

つまり、もし、そのエリアの建築相場を調べ、それ以下のコストで同じような戸建を建築することができれば、土地を2割以上も高く売却できる可能性があるのだ。

具体的にどういうことなのか。ここで、以前、私があるクライアントさんと戸建賃貸に関する打合せをしていたときの会話を紹介しよう。

このクライアントさんの土地の相場は坪25万円。30坪の土地なら総額750万円になる。


「周辺で販売されている戸建分譲はどのくらいの価格で販売されていますか？」

「そうですね。2500万円くらいです」

「その物件の土地の広さはどのくらいですか？」

「30坪が多いですね」

「土地の相場は、いくらぐらいでしょう？」

「坪25万円くらいでしょうか」

「すると、土地の価格は30坪で750万円が相場ですね」

「土地付き一戸建の価格相場は2500万円。土地の相場価格が750万円ですから、建物の価格は差し引き1750万円ということになりますね」

「そうですね」

「もし、このエリアに2000万円の土地付き一戸建が販売されたら、売れると思いますか？」

「いや～、そんなに安い戸建は見たことないですから、絶対売れますよ」

土地30坪、７５０万円のエリアに、１０００万円以下の建物を建て、市場価格より2割安い２０００万円で販売する。

私が開発したローコスト分譲仕様の戸建賃貸は、通常の相場より2割以上安い１０００万円以下で作ることが可能だ。

原価は土地＋建物で１７５０万円だから、仮に２０００万円で売っても２５０万円の利益が出る。この土地の価格は、もともと７５０万円だから、この２５０万円の利益を足せば、土地は2割以上高く売れるのと同じことになる。

これが土地付き一戸建を2割安く売って、土地が2割高く売れるカラクリである。

⑨「眠った資産」から「稼動する資産」への組換えが容易になる

一般的に不動産は、「流動性の低い資産」と言われている。

しかし、戸建賃貸に限っては流動性が高くなる。その理由は次の3つである。

①利回りが高いから投資家に売却しやすい。

②ローコストで建てれば、市場より安い価格で早期に売却することが可能になる。

③庭付き一戸建であれば、アパートやマンションほど、アクセスの悪さがハンデにならないために売却しやすい。

特に3つ目の理由に注目してもらいたい。

これは、たとえば、利用価値の低い土地に戸建という付加価値をつけてエンドユーザーに売却し、その資金で、より利便性の高い地域のアパ・マンや商業ビルに買い換えることが可能になるということだ。

これを俗に**「資産の組換え」**と言う。

たとえば、あなたが広さ60坪で実勢価格が1800万円（坪30万円）の駐車場用地を持っていたとしよう。これに建物を建てて売却し、その売却資金でより利便性の高いエリアにある中古のアパートを買い換えるケースを考えてみる。

この土地を30坪ずつ2分割し、1000万円の戸建を2棟建て、この戸建を相場より2割安い価格の2500万円で売る。売却額の合計は2棟で5000万円だ。

一方、原価は土地１８００万円＋戸建１０００万円×２棟で、合計３８００万円だから、この時点で１２００万円の利益が出る計算になる。

今度は、この売却した資金の５０００万円を利用し、キャッシュで中古のアパートを購入する。

仮に、このアパートの利回りが10％なら、年間５００万円のキャッシュが得られる。

もともと、必要になるのは、建築資金の２０００万円だけだから資金負担は軽い。

もちろん、建物の売却益に税金はかかってくるが、その他、管理費や固定資産税などを差し引いても、残るキャッシュは相当なものになる。

これは投資家ではなく、エンドユーザーを対象にしている戸建だからできる芸当。

アパートを新築して売却するとなると、このようにはうまくいかないはずだ。何度も言うが、アパートは利回りでその購入額が決まってしまうからである。

余談になるが、もし、この60坪にそのままアパートを建てて活用した場合、どうなるだろうか。私の経験上、おそらく３５００万円くらいのアパートが建つ。

これをフルローンで建築し、表面利回りが10％だとすると、ローン返済後の手残り額は、よくて投資額の３％、３５００万円×３％＝１０５万円程度がいいところだ。

これなら、おそらく60坪を駐車場にして貸すのと得られるキャッシュは変わらない。整形な土地60坪なら、約8台分の車が駐車できる。1台当たり月1万円としても、月わずか8万円。年間で96万円の収入だ。

このように、利用価値の低い場所にある土地にアパートを新築することを考えると、駐車場収入とほとんど手取りは変わらず、ローン負担がある分、まったく割に合わない投資になってしまうのである。

もし、あなたがこの土地の持ち主なら、20年以上ローンをして毎年105万円の手取りを得るのと、賢く資産を組み換えてまったくローンがない状態で毎年5００万円近いキャッシュを手にするのと、どちらのほうが枕を高くして眠れるだろうか。

答えは明白。稼動しない資産は、積極的に稼動する資産へと組み換えていくほうが絶対に賢い選択だ。

地主さんの中には、先祖代々の土地は手放さないことを第一にされている方は多いが、そのままでは利用価値が低いものも多いし、守ってばかりいると資産は減っていくばかりになってしまう。

しかし、このように賢く資産を組み換えれば、先祖代々の資産は増やしながら守ってい

図4 ●事業用資産の組換え例

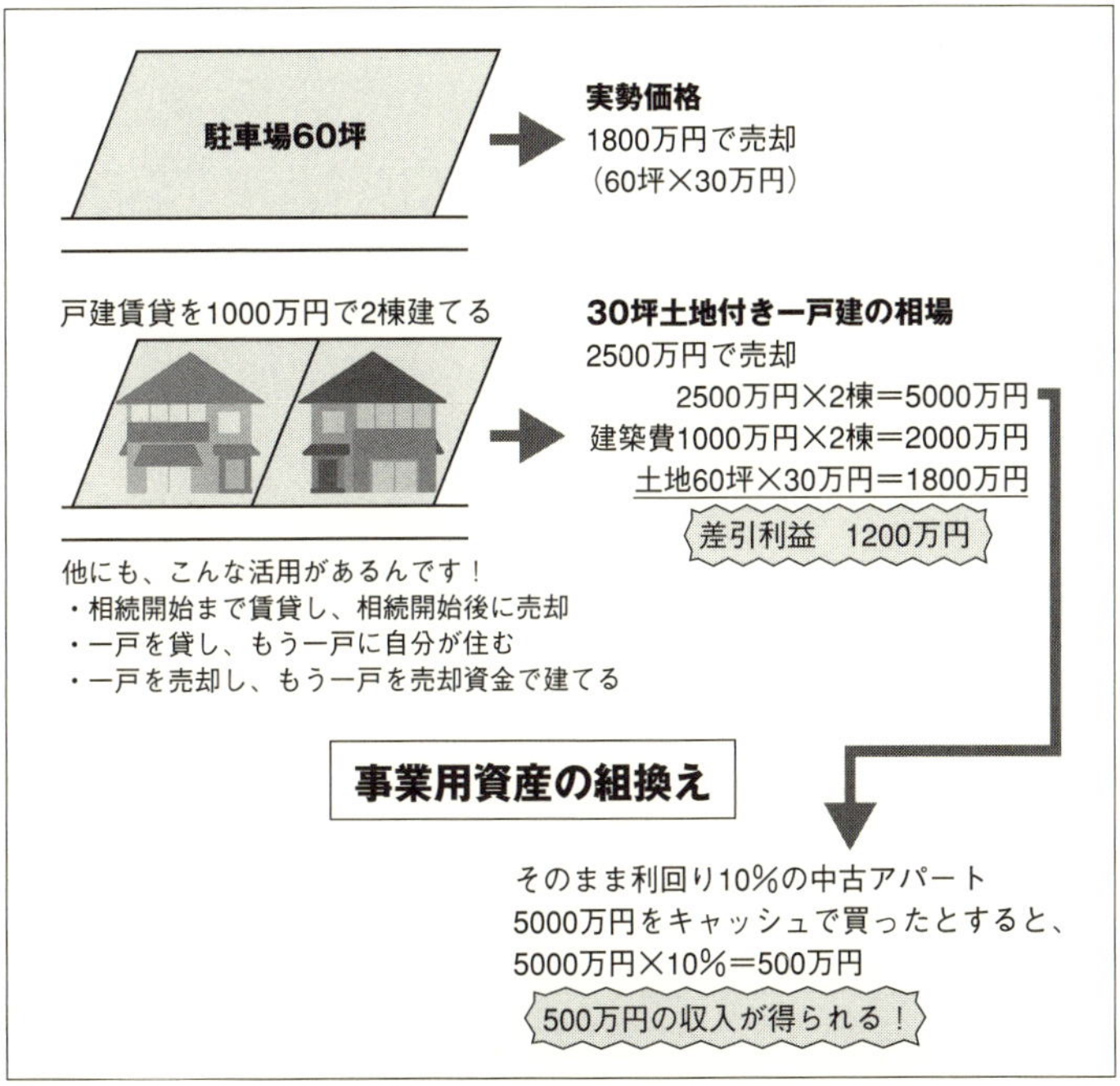

くことができる。

はたして、先祖から不動産を受け継いだ人の役割は、その不動産を守ることなのか。それとも先祖代々の「資産そのもの」を守ることなのか。

もし、あなたの役割が資産を守っていくという目的にあるのなら、資産の組換えは賢い選択と言えるだろう。

さて、資産の組換えは、税制面でも**「事業用資産の買換え特例」**を利用することで、事業用資産である土地や建物の売却益に対する節税を図ることができる（10年以上事業用として活用していない土地・建物は除く）。

もし、あなたが稼動しない資産を持っているのなら、戸建という付加価値をつけて資産の組換えができないかどうか検討するといいだろう。

このように、戸建賃貸は投資額を少なく、でっかく資産を増やすことができる投資手法なのである。

図5●「事業用資産の買換え特例」を使えばこんなにおトク

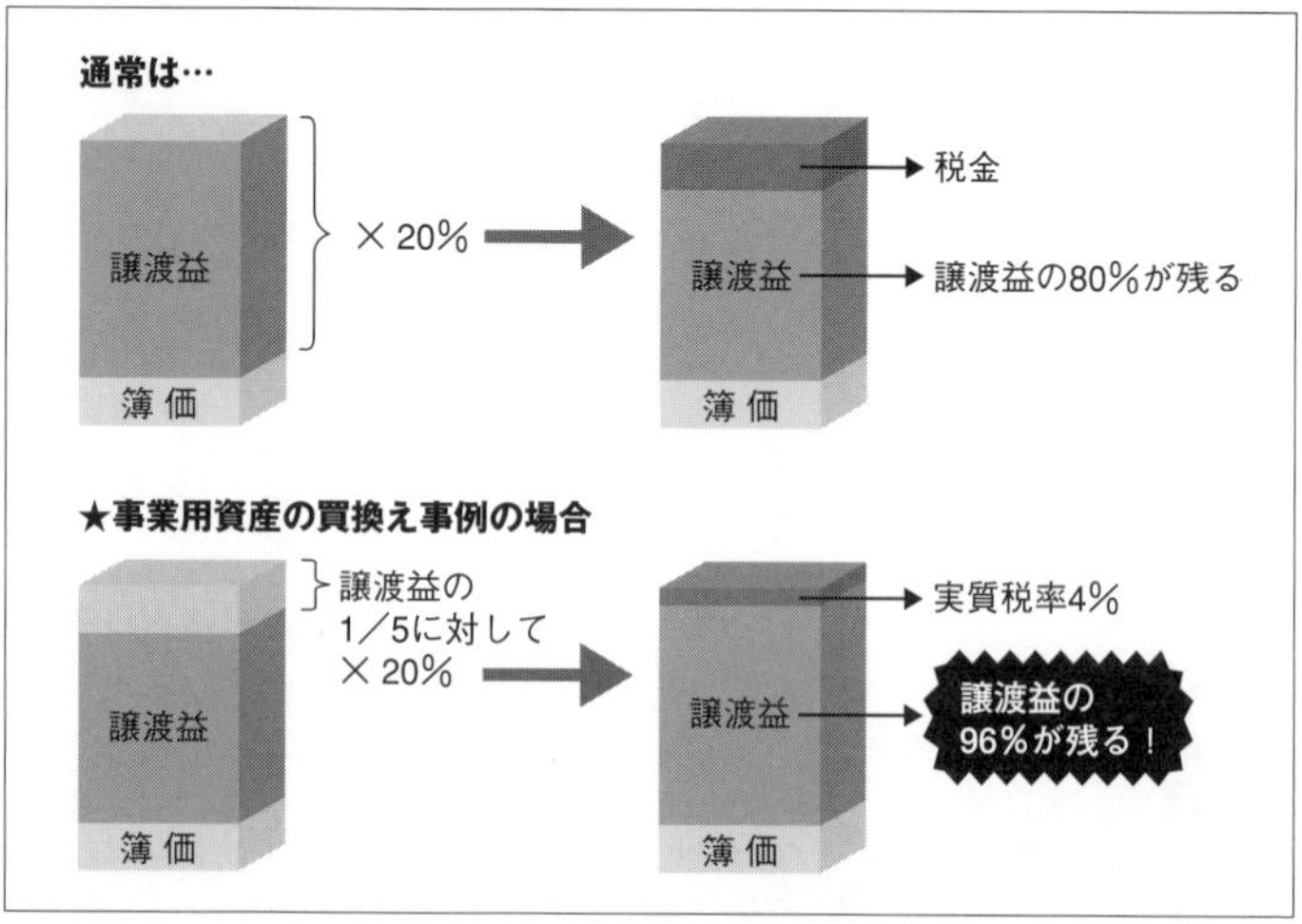

「事業用資産の買換え特例」を利用しよう！

かなり昔から所有している土地などは、その土地を売ったときに多額の譲渡益が出ます。たとえば、当時100万円で買った土地が1000万円になっていて、売ると差し引き900万円の利益が出てしまうケースなどがそうです。この場合、900万円の利益に20％の譲渡税（所得税15％、住民税５％）＜５年以上所有の長期譲渡の場合＞が課せられてしまいます。せっかく、1000万円で土地を売って資産を買い換えようと思っても、手元の現金は820万円になってしまうわけですね。

もし、あなたがこの土地で事業を行っていたとしたら、買換えの原資が減るのは痛いはず。そこで、事業用の資産を組み換える場合、一定の条件をクリアすると、譲渡益の５分の１に対してのみ課税するという軽減措置があるのです。

一定の条件の要点をあげると、次のとおりです。

①10年以上事業を営んでいる資産であること。

②１年以内に新たな事業用資産を購入すること。

以上、２つの条件をクリアすると、この特例が利用できます。

たとえば、10年以上にわたって駐車場にしていた郊外の土地を売り、１年以内に都心部のアパートに購入するといったケースでは、土地を売却した際の譲渡益の80％には課税されず、20％についてのみ20％の譲渡税が課せられることになります（図５参照）。

ただし、この特例は80％の譲渡益を将来に繰り延べするという特例なので、次に売却したときに、この繰り延べされた譲渡益が課税対象になります。しかし、買い換えた土地を保有し続ける限り課税は先送りになりますから、事実上は譲渡益は課税されないということになるわけです。

このように「事業用資産の買換え特例」を利用すると、実質的な税率は４％になり、96％近い資産が残ることになります。稼動しない資産をお持ちの方は、この特例を利用して、稼動する資産への組換えを検討してみてはいかがでしょうか。

⑩仲よく分割できるから〝争続〟知らず

戸建賃貸なら、兄弟全員に均等に資産を相続させることができるので、「争続」が起きない。しかも、相続する土地には戸建賃貸が建っているので、その土地は貸家建付地《かしやたてつけち》（242ページ参照）の評価になり、資産の圧縮にもつながる。

戸建賃貸は、高利回りというだけでなく、相続対策上も大変優れた手法なのである（詳しくは、第8章参照）。

相続対策を行ううえで、絶対にやってはいけないのが**「共有」での相続**である。土地でもアパートでも、いったん兄弟全員の共有名義にしてしまうと、その資産は「死産」になってしまう。

もともと、先祖代々土地を持っている人にとって、アパ・マン経営は相続対策の一環でもある。確かに、アパートを建てれば、土地の評価は下がり、建物の評価額と借入金の差額が資産の圧縮につながるから、結果的に相続税の節税を図ることができる。

しかし、将来アパートを相続する場合、相続人が何人もいる場合はやっかいだ。

先代がしっかりしていて、遺言をしておけばまず大丈夫だと思うが、何も考えず、兄弟全員でアパートを共有にしてしまうと、いずれ必ず揉め事が起こる。

たとえば、将来、建て替えることになったとき、長男が「古くなったから建て替えよう」と言っても、弟は「俺は借金したくない」と言い、妹は「私は売ったほうがいいわ」なんて言い出したら、いつまで経っても建替えなどはできない。

しかも、長男が兄弟間のイニシアチブを取っているようでも、兄弟間はすでに離れて暮らしているから、建築計画も又聞きになってしまい、正しく情報が伝わらない。

また、「私の旦那の知り合いが建築士なんだけど、もっと安くできるって言ってるわ」などと、妹がいろいろなことを聞きかじってくれば、ますます計画は前に進まなくなるのだ。


空室対策として大規模なリフォームをするときも、同じようなことが起こる。

リフォームのためにお金を借りる、借りないで揉めることもあるのだ。

一刻も早くリフォームしなければいけないのに、そんなことで揉めていては空室が増えるばかりだ。

更地を共有で持っている場合も同じである。

兄弟が全員そろっていても、強力なリーダーシップを誰かが取らない限り、絶対に土地活用はできない。

私は何度となく共有名義のアパートや土地の企画のお手伝いをしたことがあるが、一度も話がうまくまとまったことはない。だから、絶対に資産を共有にしてはいけないのである。

その点、戸建賃貸なら、いざ相続するときに**兄弟仲よく遺産分割することができる**。戸建賃貸を相続した兄弟は、自分で住むのもいいし、そのまま他人に貸し続ければ安定した収入が得られる。

また、売るのも相続人の自由。仮に、売る場合にも、戸建という付加価値がついているので、相場より安く売っても利益が出るから、それを別の資産に買い換えることもできるのである。

また、たとえば、相続税の支払いのために土地を手放すことになったときも、戸建賃貸を建てておけば、高く売却できる可能性が高い。

また一戸だけ売って相続税を支払うことも可能だ。

このように、戸建賃貸は単に需要がある、利回りが高いというだけでなく、相続対策上も極めて優れた土地活用手法だということがおわかりいただけたのではないだろうか。

図6 ●戸建賃貸は円満相続に有効

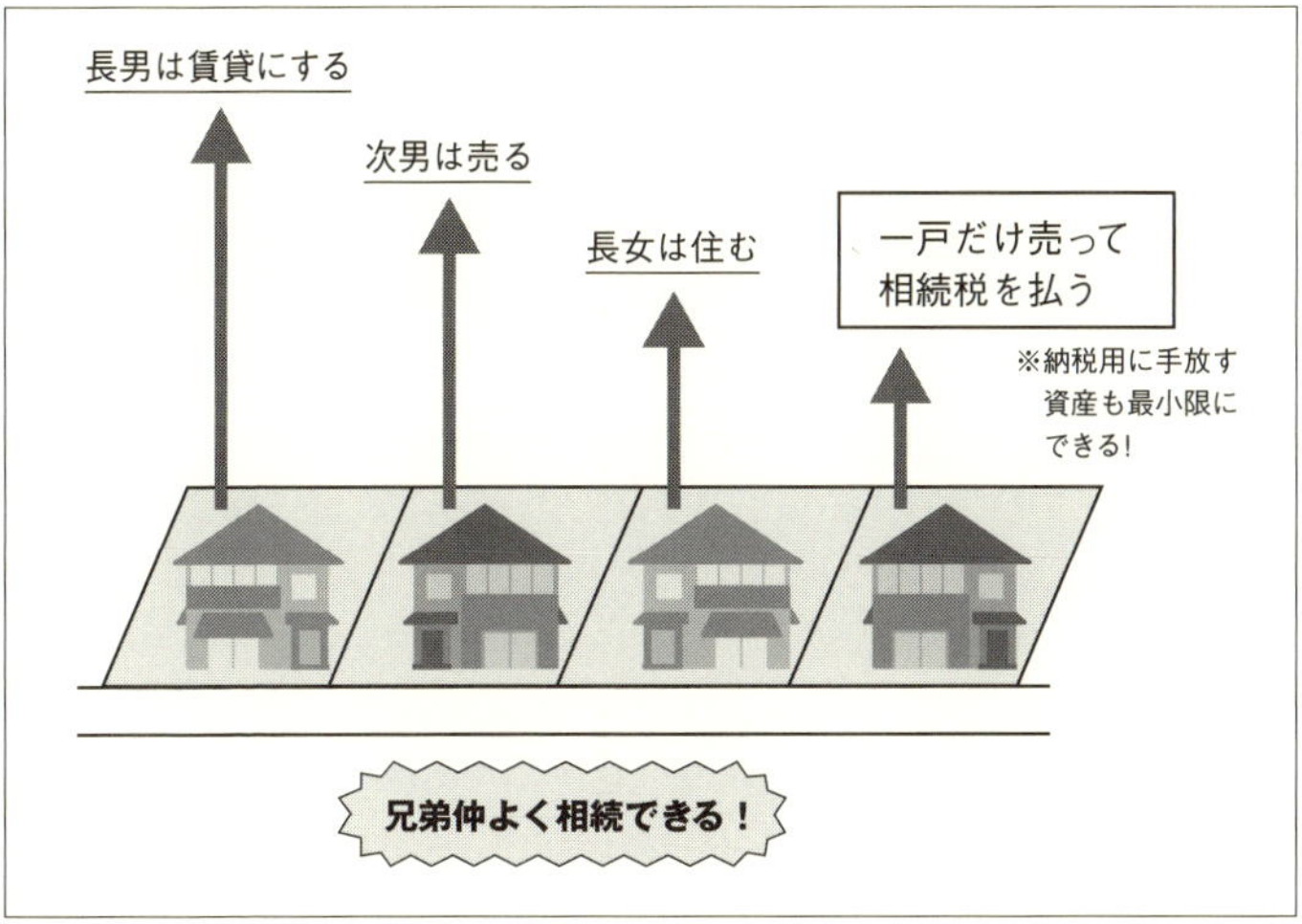
長男は賃貸にする
次男は売る
長女は住む
一戸だけ売って
相続税を払う
※納税用に手放す
資産も最小限に
できる！
兄弟仲よく相続できる！

第3章

一生賃貸！でも戸建に住みたい

戸建を借りるくらいなら買うのでは？

ここまで、いかに戸建賃貸が優れた投資法であるかをお話ししてきたが、おそらくあなたの頭の中でも、パラダイムシフトが起き始めているのではないだろうか？

しかし、いくら戸建賃貸の需要が多いことがわかったとは言え、戸建賃貸の家賃はそう安くはない。新築なら最低でも月10万円前後の家賃負担がかかる。すると……、

「月10万円も家賃払うんだったら、家買っちゃうんじゃないの？」

あなたも、このような疑問が湧いてこないだろうか？

確かに、地方に行けば、月々10万円以下の庭付き一戸建が手に入るところもある。

しかし、だからと言って、全員が全員、家を買うとは限らない。

私は、いまのところ「一生賃貸派」のうちの1人だが、私と同じような「一生賃貸派」はいつの時代でも存在するからである。

しかも最近では、「賃貸派」が「持家派」を上回っている。

事実、リクルート社「フォレント」の２００３年度調査によると、現在は賃貸派が持家派を６対４で２割ほど上回っているのだ（１００〜１０１ページ参照）。

わずか数年前の99年度調査では、この比率はまったくの逆で、持家派が賃貸派を上回っていた。

なぜ、いま賃貸派が増えているのか？

その理由の１つは、日本の景気が長く低迷し続け、終身雇用が崩壊した結果、リストラ不安などが募り、家は「賃貸」で身軽なほうがいい、という人が増えてきたのは間違いない。

また、子供の成長に合わせて、生活スタイルが変えられるという点も賃貸派が増えている理由の１つだ。

Q. 将来も賃貸住宅に住もうとお考えの理由は、どのようなものですか。（回答者ベース）

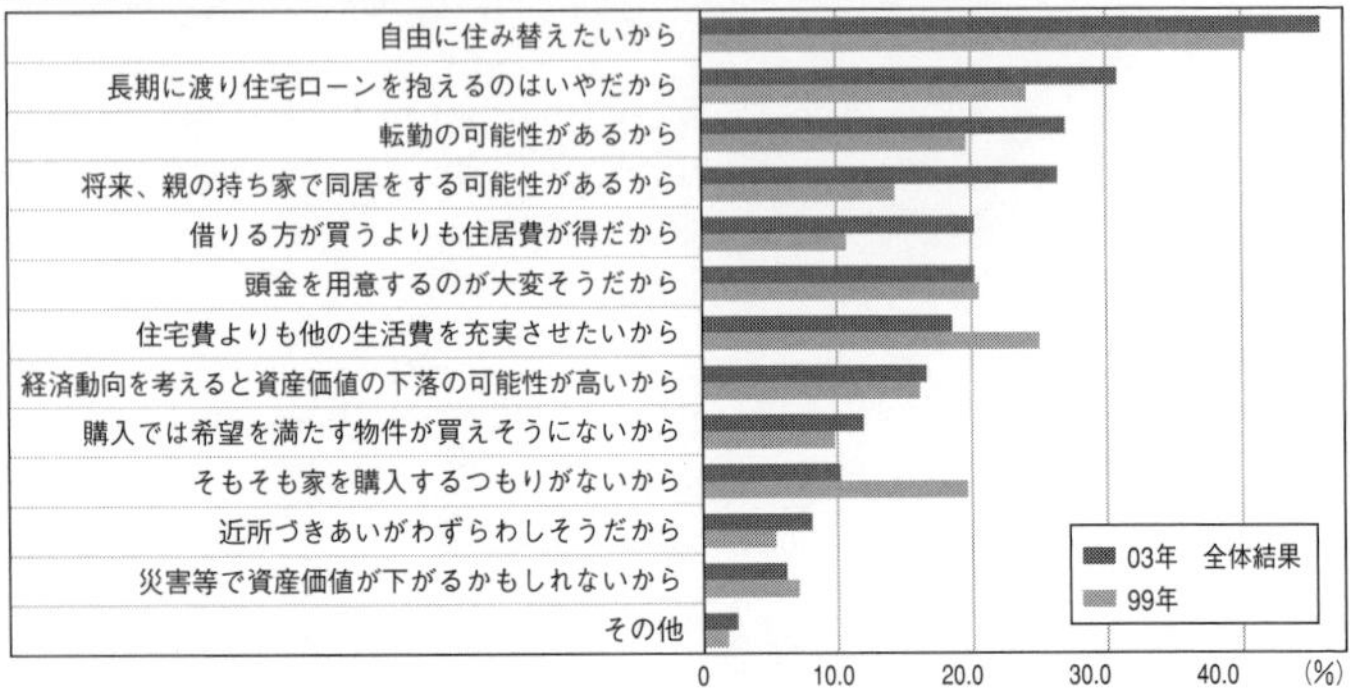

Q. どのような賃貸住宅であれば、将来にわたって住み続けてもいいと思いますか。（回答者ベース）

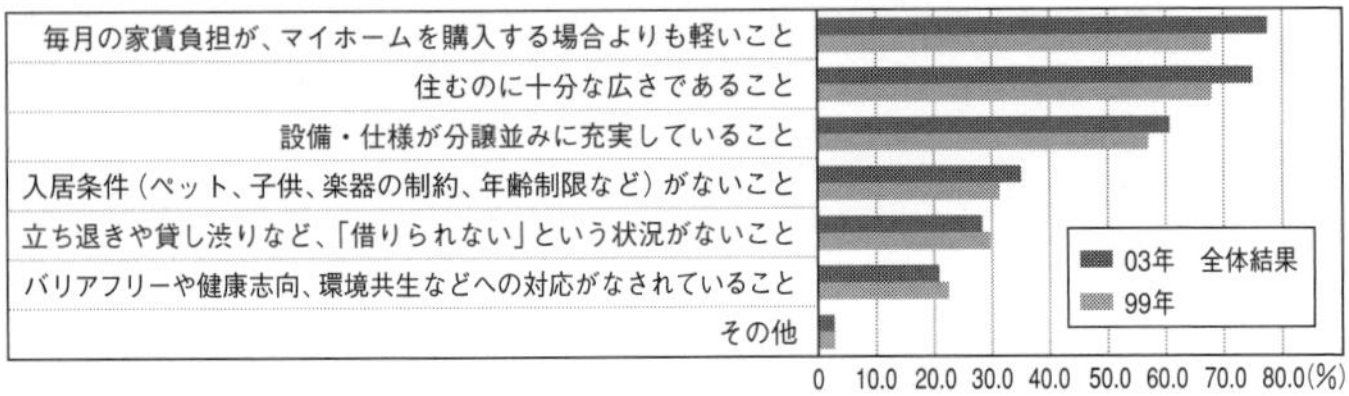

Q. 持ち家を購入したいとお考えの理由は、どのようなものですか。（回答者ベース）

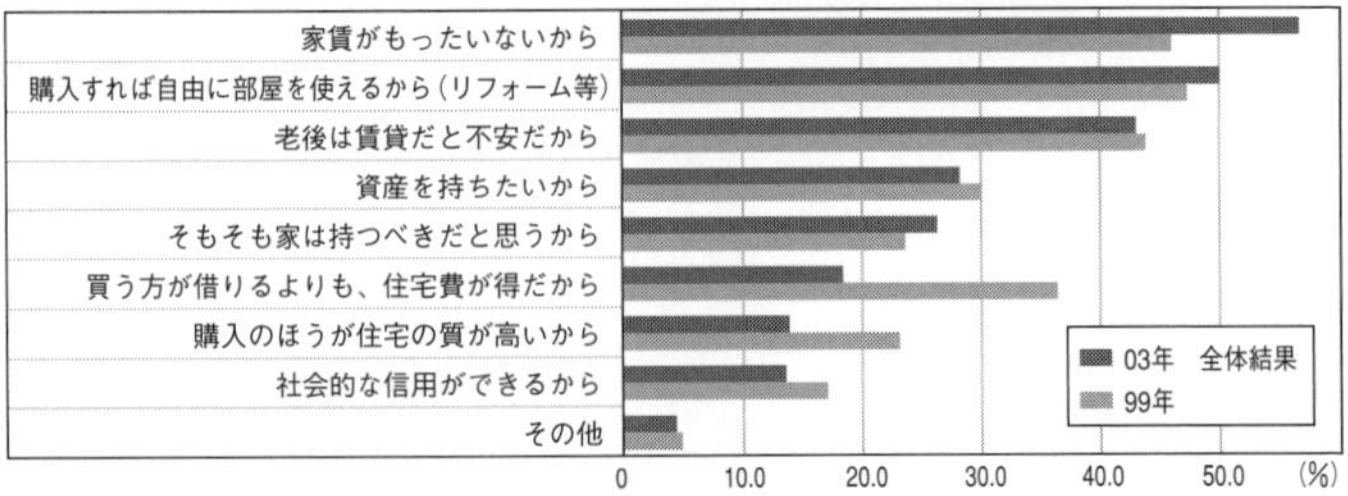

（出所）フォレント（リクルート）・21C住環境研究会「首都圏賃貸住宅市場における入居者ニーズと意識調査'03」

図7 ●あなたは「持ち家派」or「賃貸派」？

Q. あなたは住まいについてどのようにお考えですか（回答者ベース）

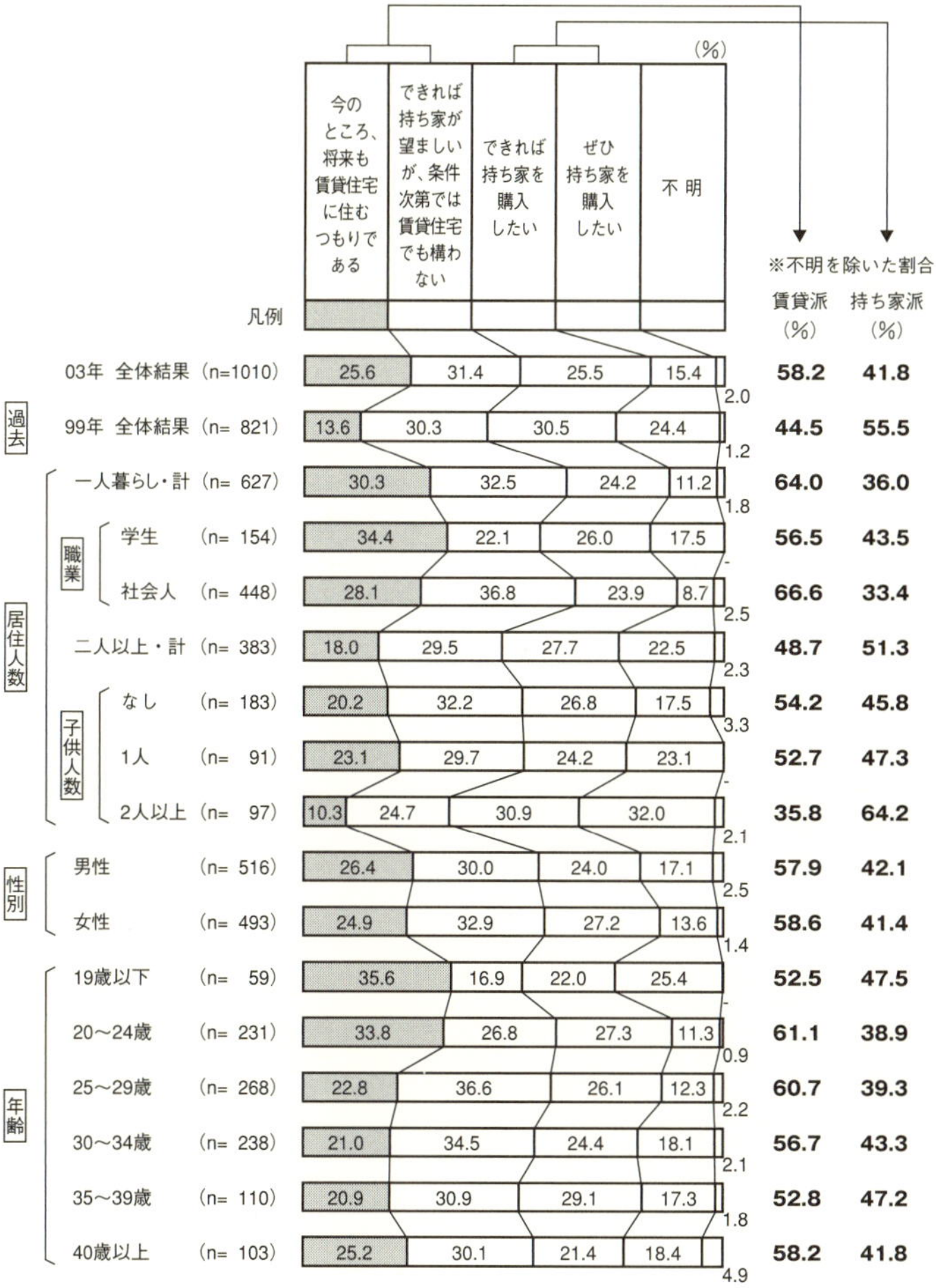

(%)
今のところ、将来も賃貸住宅に住むつもりである
できれば持ち家が望ましいが、条件次第では賃貸住宅でも構わない
できれば持ち家を購入したい
ぜひ持ち家を購入したい
不明
凡例
※不明を除いた割合
賃貸派 (%)
持ち家派 (%)
03年 全体結果 (n=1010) 25.6 31.4 25.5 15.4 2.0 58.2 41.8
過去
99年 全体結果 (n= 821) 13.6 30.3 30.5 24.4 1.2 44.5 55.5
居住人数
一人暮らし・計 (n= 627) 30.3 32.5 24.2 11.2 1.8 64.0 36.0
職業
学生 (n= 154) 34.4 22.1 26.0 17.5 - 56.5 43.5
社会人 (n= 448) 28.1 36.8 23.9 8.7 2.5 66.6 33.4
二人以上・計 (n= 383) 18.0 29.5 27.7 22.5 2.3 48.7 51.3
子供人数
なし (n= 183) 20.2 32.2 26.8 17.5 3.3 54.2 45.8
1人 (n= 91) 23.1 29.7 24.2 23.1 - 52.7 47.3
2人以上 (n= 97) 10.3 24.7 30.9 32.0 2.1 35.8 64.2
性別
男性 (n= 516) 26.4 30.0 24.0 17.1 2.5 57.9 42.1
女性 (n= 493) 24.9 32.9 27.2 13.6 1.4 58.6 41.4
年齢
19歳以下 (n= 59) 35.6 16.9 22.0 25.4 - 52.5 47.5
20〜24歳 (n= 231) 33.8 26.8 27.3 11.3 0.9 61.1 38.9
25〜29歳 (n= 268) 22.8 36.6 26.1 12.3 2.2 60.7 39.3
30〜34歳 (n= 238) 21.0 34.5 24.4 18.1 2.1 56.7 43.3
35〜39歳 (n= 110) 20.9 30.9 29.1 17.3 1.8 52.8 47.2
40歳以上 (n= 103) 25.2 30.1 21.4 18.4 4.9 58.2 41.8

家を買った途端に家賃補助がなくなる！

賃貸派が増えている理由は、他にもある。

それは、**家を買うと、会社からの家賃補助がなくなる**ということだ。

私が自社で管理する賃貸マンションの入居者をリサーチしたところ、約4割が会社から家賃補助をもらっているか、法人の借上げ社宅契約になっているかのどちらかであった。

立地的に仕事先に近いということや大企業に勤めている人が多いというのもあるが、都心部へアクセス可能なエリアであれば、家賃補助を受けている世帯はかなり多いはずだ。

地方でも、転勤者の多くは法人の借上げ社宅契約か家賃補助を受けている可能性は極めて高い。

実際、私は自分が管理している物件以外にも、そういった家賃補助を受けている世帯がいるのではないかと思ったので、アンケート調査の際、「会社からの家賃補助があるか？」「あるとしたらいくら補助を受けているか？」ということをアンケート内容に加えてみた。

その結果、私の予想を上回り、**約60％の世帯が会社からの補助を受けていた**のである。

補助の額はバラバラではあるが、7万～10万円という人が最も多く、10万円以上の家賃補助をもらっている人も10％以上もいた。

この家賃補助は、入居者にとっては非常に大きい。もし、毎月10万円の家賃補助がもらえれば、15万円の賃貸マンションにたったの5万円で住めてしまうからだ。

しかし、家賃補助は、家を買った途端に打ち切られる。

だから、一生賃貸と考えている人は意外にも多いのである。

図8●約6割の世帯が家賃補助アリ！

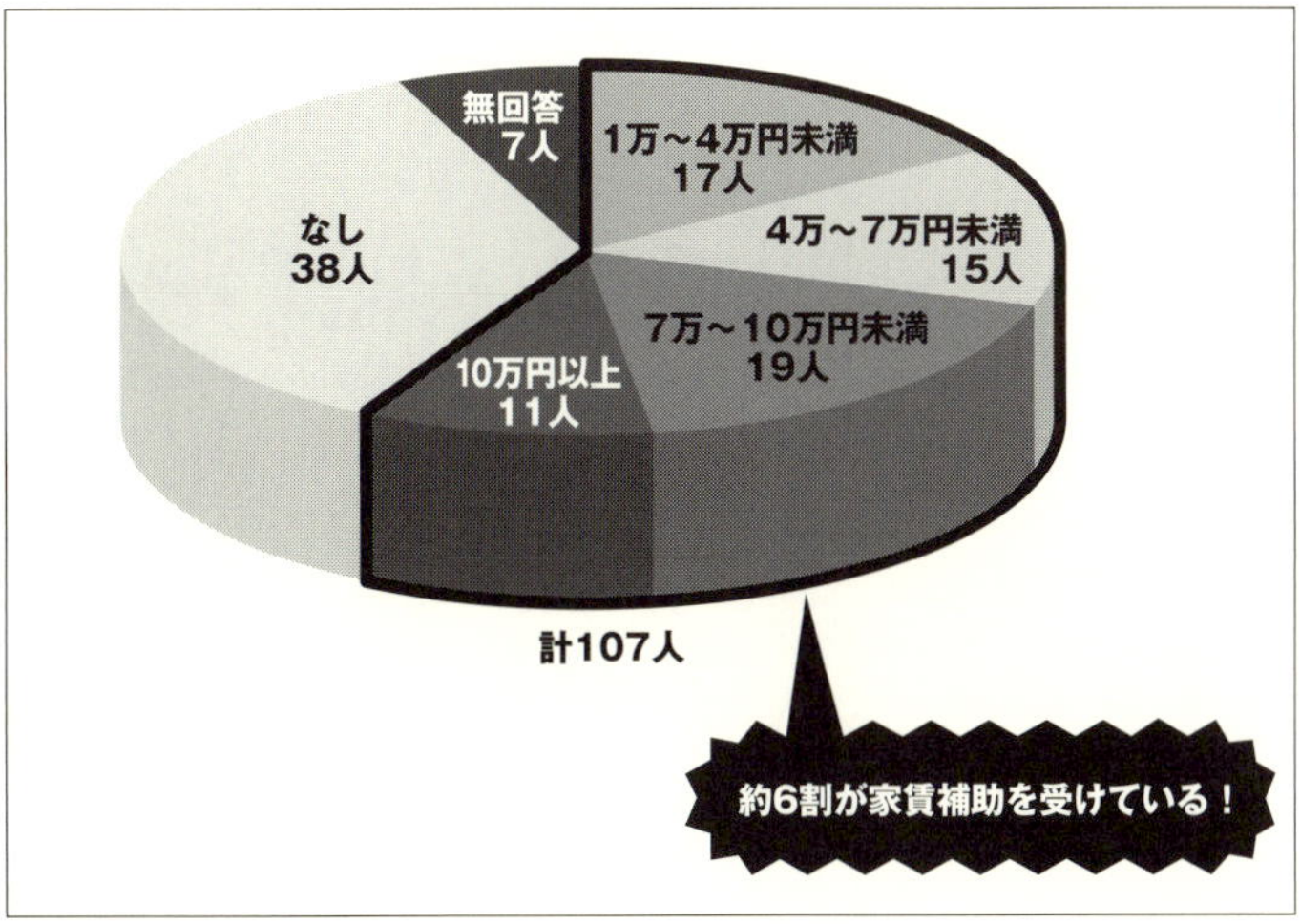

買う派 VS 借りる派のコスト比較

最近、私の友達も家を買う人が多くなってきた。

「最近俺さぁ、家買ったんだ」

「ふーん。で、なんで家買うことにしたの？」

「だってさぁ、家賃もったいないじゃない？　賃貸じゃいつまで経っても自分のモノにならないしさ。いまなら家賃と同じくらいで家買えるしね。俺もそろそろ一国一城の主ってことだね。お前もさぁ、そろそろ家買っちゃえば？」

「あぁ、俺は飽きっぽいからなぁ。まだ賃貸でいいよ」

と、私は友人に言いながら、いまのところ家を買う気などまったくない。

家を買うか借りるかは、それぞれの価値観の違いだ。

家を買う人には買う人なりの価値観があり、私のような賃貸派にもそれなりの価値観がある。

家を購入する理由の多くは、私の友人のように「家賃がもったいないから」というのが圧倒的だ。ローンをすべて払い終えた後は、確実に資産が残るというのが大きいのである。

一方、私が賃貸派であり続ける理由の1つは、住むコストは買うのも借りるのもさほど変わらない、というのがある。

実際のコストを具体的に比較したほうがわかりやすいと思うので、それぞれのコストを出してみよう。

家賃12万円ならあと60年住める

まずは、購入した場合のコストを出してみよう。

たとえば、土地付き一戸建の総額が５０００万円、全額ローンの30年返済、返済方法は元利均等返済方式（次ページ図参照）、金利は４％とする。

そうすると、総返済額は、

元金5000万円＋金利3600万円＝合計8600万円。

毎月の返済額にすると、

8600万円÷360か月＝23万8888円になる。

これに毎年の固定資産税、都市計画税、修繕などのコストがかかるので、もう少し住居費にかかる負担は増えるはずだ。

もし、この毎月の返済額23万8888円で賃貸住宅に住むとすれば、30年は住むことができる。月々23万8000円の賃貸物件となると、相当高級物件だ。

こんな高級物件でなくても、たとえば23万8000円の半分の約12万円でも相当いい賃貸暮らしができるし、**期間も倍**

図9●元利均等返済方式の仕組み

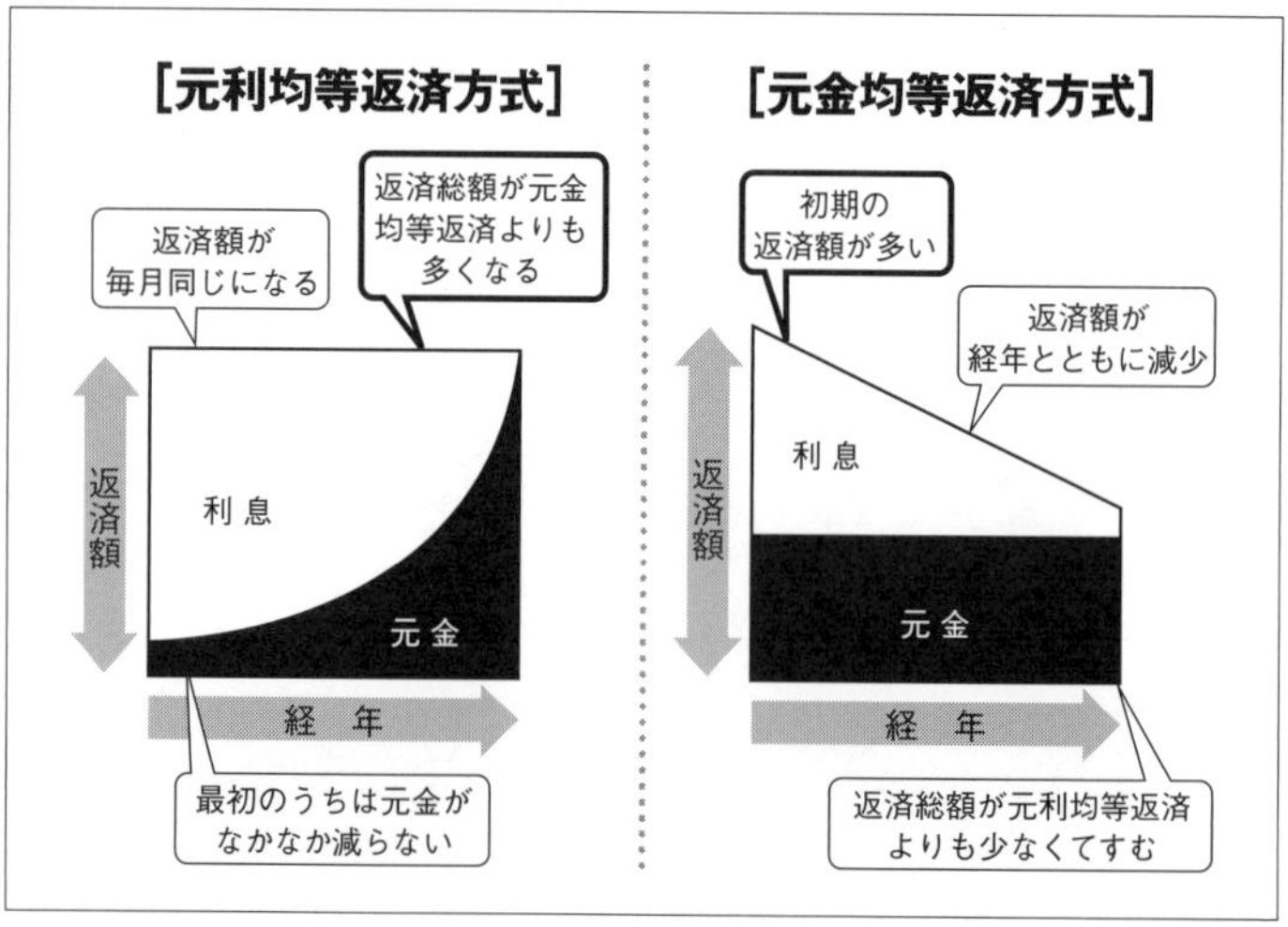

[元利均等返済方式]
返済額が毎月同じになる
返済総額が元金均等返済よりも多くなる
返済額
利息
元金
経年
最初のうちは元金がなかなか減らない
[元金均等返済方式]
初期の返済額が多い
返済額が経年とともに減少
返済額
利息
元金
経年
返済総額が元利均等返済よりも少なくてすむ

の60年間住み続けることができるわけだ。

仮に総額4000万円だった場合はどうなるかも見てみよう。
期間30年、金利4％、元利均等返済方式なら返済総額は約6800万円。月々にすると、毎月約19万円の返済になる。19万円の家賃なら30年間、9万5000円なら60年間住み続けることができる。

ここでは、賃貸契約時の経費や更新料等は考慮していない。ただし、持ち家を購入する場合の固定資産税等も考慮していないから、大まかにそれぞれのコストを比較するうえではさほど問題はないだろう。

賃貸暮らしの最大の利点は、自分のライフスタイルに応じて、自由に住み替えが効くということである。

たとえば、子供の成長に合わせて、より広い物件に住み替えることもできるし、高齢者ならより利便性の高い都心に住み替えることもできる。

または、老後は海外に住むといったことも自由に選択できる。

また、建物に関する固定資産税等の税金を負担することもなく、建物の修繕もすべて大家さんのほうでやってくれるから、家賃以外のコストがかかることもない。

さらに、そこそこの企業に勤めていれば、家賃補助もある。

会社からの家賃補助はマイホームを購入した途端になくなってしまうから、家賃補助を受けている世帯に賃貸は根強い人気があるわけだ。

確かに、賃貸だといつまで経っても土地建物が自分のものにならないというデメリットはある。

それでも、住み替えが自由、家賃補助がある、ローンがないので身軽、というメリットのほうが大きく、多少家賃が高めでも一生賃貸でいたいという人は多いのである。

いまの家は売ってもローンがなくならない

数年前に比べて一生賃貸派が増えているもう1つの理由に、マイホームの資産価値の下落というものがある。

マイホームの資産価値がいつ下落するのかと言うと、それは**「買った瞬間」**である。

私が賃貸派であるのも、はなから資産価値が減るとわかっているものを買うことができない性分だからなのだ。

バブル景気以前の日本では、家は資産であると固く信じられていた。

実際に土地を持っているだけで経済成長とともに資産価値は上がったし、広い家を買い換えるときにも、買った当時の値段より高く売却できたから、家は容易に買い換えることができたのである。

しかし、バブル崩壊以降の長い景気低迷の中で、持ち家が資産であるという考え方が１８０度改まったように思う。

その理由を具体的に解説しよう。

基本的に、日本の家は建て替えるということを前提に作られている。

木造住宅の減価償却費が22年であることからもわかるように、せいぜい30～40年くらいで建て替えるものだ、と考えている人はとても多いのではないだろうか。

だから、中古の建物が新築時の価格を上回って売買されることはないのである。

一方、欧米では、家は１００年、２００年持つのが当たり前だし、現に耐久性も高い。

デザインだって古いどころか、逆におしゃれだと感じてしまうほどセンスがいいから、欧米では状態さえよければ建物は何年経っていようが高値で売買されるのである。

しかし、日本の家は年々価値が下がるのが当たり前。これに、地価の下落が重なるから、家は買った途端に値下がりし、値段が下がった分のローンをせっせと返済し続けなければ、オーバーローン状態（債務超過）に陥るわけである。


ただ、ほとんどの人は**オーバーローン状態（債務超過）になっていることの自覚症状がない**。

この自覚症状は、いざ「売ろう」と思ったときに突然やってくる。

「そろそろ、子供も大きくなってきたから、もう少し広い家に買い換えようか。いまの家がいくらぐらいで売れるのか不動産業者に聞いてみよう」

しかし、現在の日本では、ほとんどの人が持ち家の価値の低さに驚くだろう。そのまま売ってしまうと、ローンが残ってしまうため、買換えを断念してしまう人も多い。

なぜ、売ってもローンが残ってしまうのか。その理由は土地神話の崩壊や建物価値の減少もあるがそれだけではない。

実は、売ろうと思ったときに、意外にもローンの元金が減っていなかった、ということがあるからである。

通常、マイホームを買う人は、銀行からローンをすることになるが、ほとんどの人が元利均等返済方式で借りることになる。

元利均等返済方式というのは、毎月の元金、金利返済の合計が一定になる借り方だ。返済初期は利払いが多く、元金返済が少ないという特徴がある。

よって返済開始10年くらいまでは、利払いばかりで、ほとんど元金は減っていかないのである。

仮に20年経ったとしても、約６割以上の元金が残ってしまう借り方が元利均等返済方式なのである。

このように、資産の評価が目減りし、さらに元金がたくさん残っていれば、当然、その家を売却してもローンが残ってしまうわけだ。

このようなオーバーローン（債務超過）の状態になってしまうと、いくら一国一城の主とは言え、負債を買っていることに他ならないのである。

買った瞬間に価格が8掛けになる理由

日本の家がなぜ買った瞬間に価値が下がってしまうのかは、家を供給する側の都合によるところも大きい。

たとえば、高級外車のディーラーに聞いた話だが、車はまったく乗っていなかったとしても、ナンバーをつけた瞬間にその下取り価格が8掛けになってしまうという。

確かに車検証が交付されてしまうと、新車としての販売はできず、書類上中古になるのはわかる。しかし、まったく乗っていない新品にもかかわらず、いきなり8掛けになってしまうというのだから驚きだ。

しかし、この現象は当然のことなのだ。

と言うのは、モノの価格というのは、そのモノの部品や材料だけではなく、広告宣伝などの販売経費や利益が含まれているからだ。

特に、高級車ともなると、販売経費や利益率も高いだろう。ナンバーをつけた瞬間に新車での販売はできなくなるので、今度は系列の中古車販売会社がその車の販売を行う。もしくは、中古車専門店が買い取ることになるわけだ。

そこで、その車が8掛けで販売されるかというとそうではない。新車のときと同じように、中古車販売会社の販売経費と利益が上乗せされて再販されることになる。

まったく乗っていない新古車の値段が新車価格の8掛けではなく、諸経費分の値下がり程度のほぼ新車に近い価格で販売されているのも、実はこのような理由があったからなのだ。

この現象は、当然不動産にも当てはまる。

以前、私が勤め人だったとき、分譲マンション事業を手がけたことがある。その分譲マンションの価格の中には、モデルルーム経費、宣伝広告費、そして利益の合計で建物全体価格の約20%を占めるのである。

だから、純然たる建物の価値を査定するとなると、必然的に分譲価格の8掛けになってしまうのだ。

今後の日本は、土地の値上がりと建物の価値の維持が期待できないので、家は買った瞬間にほとんどが値下がりする運命にある。

このように、10年前にも増して賃貸派が増えているのは、**「買った瞬間に価値が下がる」「重いローン負担を抱えたくない」「住み替えがしにくい」**などの理由が大きいのである。

アパ・マンにはない戸建賃貸の魅力とは?

これで、賃貸派がこれからも賃貸派であり続ける理由が十分理解していただけたのではないだろうか?

いくら毎月の家賃程度のローン返済で家が買える時代であっても、このように一生賃貸派は根強く存在する。

さて、私と同じように一生賃貸派であっても、よりよい暮らしを実現したいという願望は誰もが持っている。

その点、戸建賃貸ならアパ・マンにはない生活が実現できる。

たとえば……、

・住むのに十分な広さと間取りがある
・設備や仕様が分譲並みである
・キッチンが広くて使いやすい

・ペットが飼える
・ガーデニングができる
・上下階の騒音が気にならない
・収納がたくさんある
・お風呂が大きい
・オーディオを迫力ある音量で楽しめる
・書斎が持てる
・駐車場付きが当たり前
・子供が伸び伸び育つ……など

これだけのことが叶うのだから、多少家賃が高くても、駅から遠くなっても、戸建賃貸に住みたいという人が大勢いるのもうなずけるだろう。

しかし、いままでは、戸建賃貸というスタイルそのものがほとんど存在していなかった。たとえ、存在していたとしても築年数が古く、それらの多くは転勤や売却できないために、仕方なしに貸家になっているケースがほとんどだった。

また、貸家を借りるくらいなら買うのではないかという、貸す側の先入観もあり、賃貸専用としての戸建の供給がされなかったのだろう。

戸建賃貸成功の秘訣は〝売れる〟ローコスト住宅

これから、人口が減り、反対に建物が新築され続ければ、需要と供給のバランスが崩れ、空室率の拡大は避けられない。

しかし、実際に戸建賃貸のニーズ調査をしてみて、私の仮説は確信へと変わった。

「戸建賃貸は、大家さんの救世主になる」と。

しかし、戸建なら何でもいいのかと言うとそういうわけではない。注文住宅のように一から図面を引き、ある程度コストをかけて建てられた純粋な分譲仕様の戸建はほとんどペイしない。

では、戸建賃貸を成功させるためにはどうしたらいいのだろうか。

それには2つの条件がある。

第1の条件は、ローコストで建てること。

戸建賃貸は、利回りを高くしなければそのメリットが半減してしまう。

戸建には、基本的に１世帯の家族が住むわけだから、その稼動率は０％か１００％のどちらかとなる。となれば、空室損のリスクをカバーするに足る十分な利回りを確保することが重要になるのである。

調査の結果からすると、戸建賃貸のニーズは極めて高いから、それなりの家賃を設定することもできるが、同時に戸建賃貸をローコストで建築することで十分な利回りを確保することができるのである。

具体的には**本体工事のコストを１０００万円以下に抑える**ことだ。

第2の条件は、売れる仕様にすることである。

第１の条件がいくらローコストで建てることであっても、犬小屋のような仕様であればいくらでもコストは落とすことができる。でも、それでは入居者の満足は得られないし、入居率も安定しない。

やはり、ある程度、賃貸マンションにはない仕様を目指し差別化しなければならない。

そして、**売ろうと思えば、いつでも売れる仕様になっていることが戸建賃貸成功の大きなポイントになる**のである。

しかし、いくら差別化するといっても、毎回注文住宅ではコストは高くなるし、分譲仕様は上を見たらキリがない。

それでも売れる仕様にしてコストを抑えなければ、いくらニーズがあると言っても、成功はおぼつかないのである。

そこで、この2つの条件をクリアするためにどうしたらいいのか。次の章で具体的に解説していくことにしよう。

第4章

安くて売れる「新築戸建賃貸」を1000万円以下で手に入れる方法

成功の秘訣は売れるクオリティのものを安く作ること

これからの時代を考えると、いかに戸建賃貸が優れた資産活用の方法かが十分理解できたことと思う。

私は、この本の中で、再三、戸建賃貸は売れるクオリティのものをローコストで作らなければならないと言ってきた。

なぜなら、一般的に、**換金性の低い不動産を、換金性の高い状態にしておくことが、その資産価値を高め、結果的にあなたに大きな利益をもたらすことになる**、と私は考えているからである。

そこで、この章では、売れる戸建賃貸を安く手に入れる方法を紹介しよう。

何度も言うが、成功の秘訣は売れるクオリティのものを安く作ることである。

正直なところ、家は安く作ろうと思えば、いくらでも安く作れる。極端な話、3LDKの広さでも、犬小屋程度の仕様なら、400万～500万円もかからないだろう。

しかし、この本で解説してきた戸建賃貸のメリットを最大限活かすためには、ただ箱物を作ればいいというものではない。

戸建賃貸は、必ず売れるクオリティのものでなければ、そのメリットも半減してしまうのである。

当初、私はこの戸建賃貸のアイデアを思いついたとき、ある工務店に出向き、この図面をこの仕様で、ついては1000万円で作ってほしいと相談したら、「そんな金額では絶対ムリだ」と鼻で笑われてしまった。

何社に相談しても、答えは同じだった。そこで私はこう考えた。

「作れないなら自分で作ればいい」

そこで、私は、自らの会社で**建築工事業免許を取得**し、工務店を営む友人に教えを乞い、そして、ついに売れる戸建賃貸を作ってしまった。

ここで解説する方法は、私自身が**「工務店のオヤジ」**となり、自ら実際に売れる戸建賃貸を建築した経験によるものである。もちろん、昨今の**耐震問題や保証問題をすべてクリアするノウハウ**も含まれている。

ここで解説するポイントを押さえれば、きっと、あなたも売れる戸建賃貸を手に入れることができるはずだ。

売れる戸建賃貸は1000万円以下で作れ

売れる戸建賃貸は、建物本体を1000万円以下で作ることである。外部給排水工事、現場管理の諸経費などによっては多少の差はあると思うが、1000万円以下で作ることがまずは基本になる。

グレードは、上を見ればキリがないが、1000万円以下、坪単価で言うと坪40万円程度を目安に分譲住宅と遜色ない戸建賃貸を手に入れなければ、いままでのような戸建賃貸のメリットをすべて享受することはできない。

ちなみに、売れる戸建賃貸の大きさは、地域によって家賃の格差があるから、家賃相場を参考に逆算して考える必要がある。

たとえば、私の経験上、いわゆる田舎と言われる地方のアパ・マンは大きくても18坪（約60㎡）の2LDK、もしくは3DKだ。家賃の上限は7万円が限度だろう。

もし、戸建賃貸があったとすると、圧倒的に供給が少ないことと、通常のアパ・マンにはない住みやすさというものがあるから、8万円の家賃設定であれば、無理なく入居者を見つけられる可能性は高い。

すると、戸建賃貸の規模とコストは、18坪の2LDK程度。コストは18坪×40万円＝720万円となる。

年間の想定家賃は8万円×12か月＝96万円だから、表面利回りは、

96万円÷720万円＝**約13%**になる。

この他に、諸経費などがかかるから、もう少し利回りは低くなるだろうが、十分戸建賃貸事業が成り立つ計算が立つ。

一方、都市部は地方に比べて家賃相場は高い。都心部や地方の中核都市であれば、家賃相場は月10万～15万円を見込むことができるだろう。そのため、より規模の大きい戸建賃貸を作ることができる。

たとえば、24坪（約78㎡）の3LDKなら、そのコストは24坪×40万円＝960万円となる。

年間の想定月家賃を最低10万円としても、その年間家賃は120万円だから、表面利回りは、120万円÷960万円＝12・5％になる。

もし、月15万円の家賃が取れたとすると、年間家賃が180万円だから、表面利回りは、180万円÷960万円＝18・75％にもなる。

こんな工務店なら安く作れる

では、どうすれば、売れる戸建賃貸をローコストで作れる工務店に出会うことができるのか？

ローコストで建築可能な工務店には条件があり、その条件を満たしていなければ、ローコストで売れる戸建賃貸を作ることは極めて困難になる。

その条件とは、次の4つである。

①住宅展示場、モデルハウスを持っていない

広告宣伝費を膨大にかけている工務店は、売れる戸建賃貸をローコストで作れる可能性

は低い。このような広告宣伝費は、建物の販売価格に含まれているからである。

モデルハウスを持つということは、いい建物を高く売ることが目的だから、そもそもローコスト住宅などは眼中にない。派手な宣伝広告、立派なモデルハウスがある工務店やハウスメーカーには相談を持ちかけるだけムダ足になることが多いことは覚えておこう。

②建物の構造、仕様を規格化している

注文住宅しか請け負っていない業者も、ローコスト住宅を作るのは難しい。注文住宅のように一から図面を引き、仕様をその都度決めていたら時間も経費もかかってしまうからである。

そのため、構造や仕様を規格化している、あるいは規格化可能な基本図面がすでにあることがローコスト住宅を作るための条件になる。

③分譲事業を行っていない

戸建業者が土地を仕入れて分譲事業を行っている工務店も、ローコスト住宅を作るのは難しい。なぜなら、土地を仕入れるための借入金があり、その金利負担が大きいからである。

また、自分の仕入れた土地に建物を建てて販売することに主眼を置いているので、そもそもローコスト住宅などには興味はないのである。

④少数精鋭である

少数精鋭主義の工務店であればあるほど、ローコスト住宅を建ててもらえる可能性は高い。社員数が多いというのは、それだけ一般管理費などの経費が多くかかってしまうからである。

コストを下げる究極の方法

以上のような業者が見つかれば、売れる戸建賃貸を1000万円以下で建築してもらえる可能性は高い。

しかし、やみ雲にプランや見積りを依頼しても、おそらく1000万円以下になることはない。

コストを下げるためには、実は次のような涙ぐましい努力が必要なのだ。

たとえば、**「設計を統一する」「工期を短縮する」「部材を統一する」「大工が施工しやすい寸法で設計する」「既成品を使う」「安い外国性の部材を使う」「大量に仕入れる」「仕上げを統一する」「色を統一する」**などがそうである。

私が企画し、施工した戸建賃貸もこのようなことに配慮している。

しかし、最終的に売れる戸建賃貸を1000万円以下で作るための究極の方法は、あなたが業者に予算を伝え、「この仕様をこの値段でやってください」とお願いすることなのだ。実は、これが一番効く。

私も売れる戸建賃貸を自ら設計し、仕様を決め、下請け業者と値段の交渉をしたときには、**「この仕様をこの値段でやってください」**と頭を下げた。

確かに、「この値段でその仕様にはできない」と鼻で笑われることも多かったが、その都度、どのような仕様だったらこの値段でできるのか、機能を落とさず価格が安くなる方法はないか、などを細かく検討した結果、最終的に予算に合う下請け業者を見つけることができたのである。

こうしてできあがった、売れる戸建賃貸を1000万円以下で作るための仕様書（128〜129ページ参照）がこれである。

通常、見積りは、まだ計画が進むか否かわからない段階で出すことも多く、業者にとっ

●木製建具

室名	メーカー	品番	ノブ	カラー
リビング	トステム（株）ファミリーライン	TH-FB8	スタイルB ファインシルバー	（N）ニュートラル
トイレ		TL-FBA	同上	（N）ニュートラル
洗面		TH-FBV	同上	（N）ニュートラル
納戸		TH-FBA	同上	（N）ニュートラル
洋室		TH-FBA	同上	（N）ニュートラル
クローゼット		CF-FBA		（N）ニュートラル
玄関収納		GS-WBA		（N）ニュートラル

●器具設備

名称	仕様	仕様チェック項目	
流し台	サンウェーブGSシリーズ 本体GSW-S180NJ（L） コンロ台GSW-K-75 換気扇BH-718 台輪スペーサーGWD-S180,GWD-S75 水切プレートWPS-2 水切り棚NSR-60-1、水切りカゴLSS-4 シングルレバー水栓FA235H-G221	キッチンパネル メラミンシリーズ 色（ストーンホワイト）	
システムバスルーム LBEL1616サイズ	トステム（株）ルキナ	浴槽	□イエロー：Y81
		浴槽タイプ	□標準浴槽
		床	□グレー：N66
		壁	□ホワイト（ベースパネル）：LE201 □イエロー（Lパネル）：LE202
		ドア・窓枠色	□ホワイト
		ドア形状	□折戸
		カウンター天板	□ホワイト：N86
		天井	□ホワイト：UE101
システム洗面	ユニット洗面化粧台LS 間口60cm 開きタイプ	ボウル	□イエロー
		扉	□エッセン
洋式便器	INAXアメージュNV便器 ウォシュレット便座	陶器色	□ピュアホワイト

図10 ●建物本体を1000万円以下で作る「内部・外部仕様書」の一例

名称	メーカー／型式	色／仕様
屋根材	クボタ松下電工外装 コロニアルNEO	□ラスティー・グリーン　KLCCN027W
破風	板金	□ホワイト
軒天井	ケイカル板OP仕上げ （防火認定品）	□ホワイト
外壁	ニチハ（株） モエンサイディングーM	□MD123ペールブラウン（上部） □MY67337キールオレンジ（下部）
水切り	板金	□ホワイト
玄関タイル	（株）INAX　外装床　マックス	□MAX-150/6
サッシ	トステム（株）	□ホワイト
玄関ドア	トステム（株） プレナスS23ベーシック TA-26型　片開き　握手DJ	□ホワイト
雨樋	汎用品	□ホワイト

●内部仕上げ

室名	床	壁／天井
洗面	CFシート リリカラLH81430 巾木 リリカラHL-6（高さ60mm）	リリカラ 壁／LB-9401 天井／LB-9416
トイレ	CFシート リリカラLH81434 巾木 リリカラHL-9（高さ60mm）	リリカラ 壁／LB-9456 天井／LB-9416
洋室 キッチン リビング	1階、2階共通 東洋プライウッド（株） カラーフロアーリフレス 品番：FF6066RKM ナチュラル色（66）	サンゲツ 壁／SP-9953 リリカラ 天井／LB-9416

●造作材

名称	
各部屋	全室共通
	トステム（株）ファミリーライン
	（N）ニュートラル

ても必ず受注できるかどうかわからないから、金額が高くなってしまうのが常だ。

下請け業者も「必ず受注できるから」と言うのと、「受注できるかどうかまだわからない」と言うのでは、見積りの真剣度はまったく違う。

しかし、あなたの強みは、「必ず戸建賃貸を作る」ことで、そのために見積りを依頼しているということだ。

つまり、「この値段でできればあなたに工事を依頼するよ」と確約できる立場にいるわけである。

それを、正面からぶつけ、頭を下げて交渉するのである。

さらに、あなたが地主であれば、同じ戸建賃貸を2棟、3棟と何棟も作ることになるはずだ。

もし、そうなれば同じ設計、仕様のものを、同じ敷地内に同時施工することになるから、材料は大量仕入れ、大工などの手間も半減、工期も短縮でき、コストが下げられるいくつかの条件が自然にそろってしまうのである。

建物工事以外のコストを抑える5つの方法

建築工事以外にも考慮しておかなければならないコストがある。

たとえば、外構工事費などがそうだ。立派な庭やフェンスを作るのでなくても、砂利を敷くだけでもお金はかかる。また、水道や下水が通っていないところなども、新たに水道を引き、浄化槽を設置するコストを考えておかなければならない。

このように、建築には必ずこのような付帯工事があるから、いくら建物が安くできても、このようなコストをあらかじめ予算に加えておく必要があるのである。

しかし、ただ単に、かかる費用をそのまま予算にしていたのでは、コストを抑えることはできない。そこで、付帯工事費を最少に抑える工夫が必要になるのである。

そのための方法はいくつかあるが、１つひとつ解説していこう。

①戸建賃貸は「敷地延長」で作る

まずは、戸建賃貸を同一敷地内に数棟建築する場合、「敷地延長」で作ることである（次ページ参照）。

敷地延長とは、敷地内に私道などの道路を新設せずに、すでにある道路から対象となる建物の敷地を確保する方法である。

建物の敷地として認められるためには建築基準法上、基本的に敷地が前面道路に２ｍ以上接していればＯＫである。

もし、敷地内に道路を作ってしまうと、道路を作る費用が余計にかかってしまう。この費用がバカにならない。また1軒当たりの敷地面積も減ってしまうこともある。

さらには、道路として利用することになると、「位置指定道路」になってしまうために、私道であっても自由に廃道にすることができない。

その点、敷地延長なら新たに私道を作る必要もないし、計画敷地が減ることもない。

図11 ●敷地延長と接道条件

●敷地延長の場合

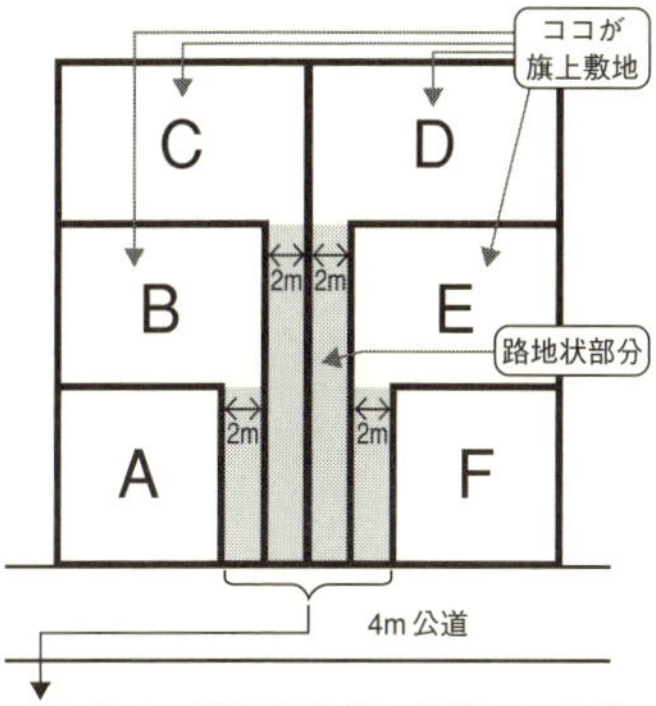

・それぞれ4m 公道に敷地が2m 接道していれば建築可能
・ただし路地状部分が長いと接道が3m 以上ないと認められない場合がある
（下記：東京都建築安全条例参照）

●私道を新設する場合

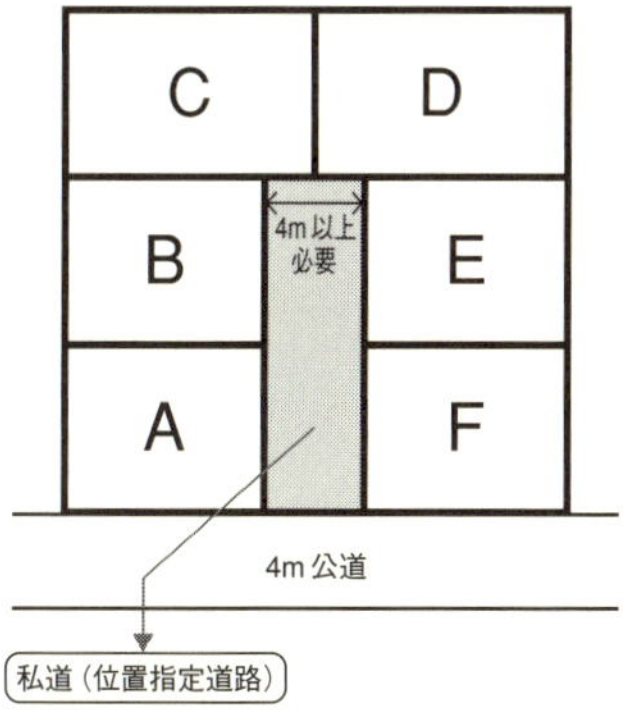

・舗装したり、雨水排水設備（U字溝）などを設置する必要があるので費用がかかる
・敷地自体が小さくなる

●路地状部分の長さの規制

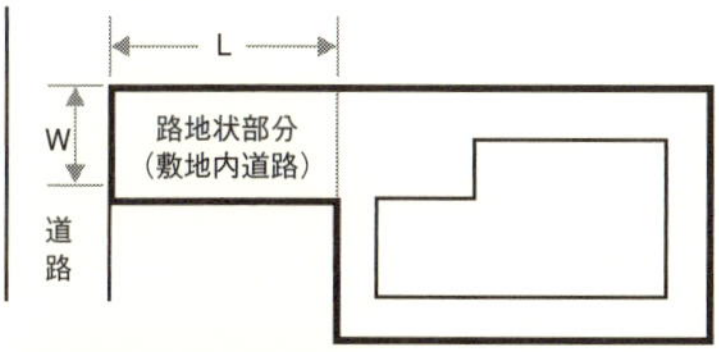

建築物の延べ面積／Lの長さ	A. 耐火・準耐火建築物	B. 200 ㎡以下のもの	A以外の建築物で200 ㎡を超えるもの
L(長さ)が20m 以下のもの	W(幅員) **2m** 以上		W(幅員) **3m** 以上
L(長さ)が20m を超えるもの	W(幅員) **3m** 以上		W(幅員) **4m** 以上

※W（幅）4m未満の場合、準耐火建築物以上または、建築基準法施行令で定める技術的基準に適合している建築物でなければ3階建は建てられない。

（出所）東京都ホームページ（http://www.metro.tokyo.jp/）

②開発行為にしない

次に、開発行為について解説しよう。

一般的に、1000m²を超える宅地を開発する場合（行政によっては500m²以上の場合もある）、開発行為として行政の開発許可を受けなければならない。

開発行為になると、行政からさまざまな指導を受けることになるため、費用が余計にかかってしまう。たとえば、雨水処理のため地下貯留層を設けることになったり、緑地に関する指導を受けることもある。

それらにかかる費用は、すべて開発者（施主）の負担になるから、地主さんが戸建賃貸を数棟建築するときには、極力、開発行為にならない範囲で段階的に宅地を開発していく必要もあるので注意しよう。

③ガス工事はプロパンにする

3つ目に、ガスは都市ガスではなく、プロパンにすることである。

ガス工事に関しては、都市ガスが引かれているエリアであっても、必ずプロパンにすることである。

なぜ、プロパンにするかと言うと、ガス設備工事はすべてプロパンガス業者が負担してくれるからである。

その範囲は、ガス配管工事だけにとどまらず、給湯器なども無償で設置してくれるところもある。

都市ガスだとこうはいかないが、プロパンガス業者は都市ガスのシェアを奪ってガスを供給することが目的だから、このような工事を無償でやってくれるところも多い。

たとえば、これは携帯電話が0円で配られている理由と同じで、いったん、利用者に使ってもらえれば、永遠に料金をチャージすることができるのである。

ただし、ほとんどが都市ガスのエリア、たとえば都心の一等地などでは、その1棟の建物のためにプロパンガスを供給したのでは、プロパンガス業者も割が合わずに、供給対象外のエリアもあるので確認が必要だ。

④利用可能な井戸水があれば利用する

アパ・マンを建てる際、見落としがちな費用の1つに、水道引込みに関する費用がある。そこで、もし、計画敷地内に飲用可能な井戸水があれば、戸建賃貸の水はその井戸から引くようにするといい。

もし、敷地の前面道路に水道管がない場合には、水道を計画地まで引っ張ってこなければならない。この際の費用負担は、当然のことながら事業主にかかってくる。

また、水道の引込みがクリアできても、アパ・マンを建てるときには、決まって水道負担金がかかってくる。

これは、戸数に応じてその納める負担金の額が違う。

たとえば、ファミリータイプの場合、各住戸には20ミリの水道管を接続する。この場合、1戸当たり約28万円の負担金がかかってくる（千葉県水道局の場合。地域によって負担金額は違うので、水道局で確認が必要)。

仮に、10戸あれば280万円もの負担金がかかることになる。

ちなみに、ワンルームの場合には、通常13ミリ管を接続するが、その負担金は約10万円ほどである。ただし、古いアパートなどを建て替える場合には、すでに引いてあった水道管の戸数分の負担金を差し引くことができる。


このように、水道負担金はその建物の規模によっては無視できない大きな負担になってしまうことがあるのだ。

熊谷市で戸建賃貸を新築した饒田《にぎた》伊佐夫さんは、自宅の隣接地に戸建賃貸を建築した際、自宅用に使用していた井戸水を戸建賃貸にも引くことで水道負担金がゼロになった。

また、井戸水自体は無料なので、入居者には水をいくら使っても無料にすることにした。

これが、入居者への付加価値となり、非常に好評を得ることになったのである。

ただし、井戸水を利用する場合には、安全確保のため消毒設備をつけて飲用し、保健所または民間検査機関による定期的な水質検査が必要になることは付け加えておきたい。

⑤浄化槽のコストを見落とすな

戸建賃貸を建築する際に、見落としがちな費用は水道だけではない。下水という問題もある。

下水も水道同様に、前面道路に下水管がなければ、敷地内で下水処理ができる浄化槽を設けなければならない。

浄化槽のコストは、戸建1棟当たりおよそ50万円ほどかかるので、見落とさないように注意しておこう。

「頑丈で売れるローコスト戸建賃貸」を手に入れる9つのポイント

売れるローコスト戸建賃貸を建てるためには、さまざまなコストダウンが必要だが、たとえコストが落ちたとしても、耐震性、耐久性が損なわれてしまっていては本末転倒である。

そこで、ここからは、**たとえあなたが図面の見方や現場の見方をまったく知らなくても、最低限これだけ知っていれば、工務店と堂々と渡り合える8つのチェックポイント**を解説しよう。

このポイントを押さえておけば、欠陥や手抜き工事を未然に防ぐことができ、すばらしい戸建賃貸を手に入れることができるはずだ。

①在来工法がベスト

まず、戸建賃貸の基本となる構造は、ズバリ**在来工法（木造軸組工法）**がベストだ。

木造の構造には、他にも2×4（ツー・バイ・フォー）工法（次ページ参照）などがあるが、2×4工法は壁自体が耐震性を持っているため、開口部を大きくできないばかりか、採光の確保が困難になるデメリットがある。将来、増改築をする際、間取りの変更も困難だ。

また、壁に使用するベニア材は雨に弱く、接着剤も多く使用するため、シックハウスなどの影響も受けやすい。

その点、在来工法は、2×4のデメリットがほぼすべてクリアできる。

図12 ●在来工法 VS 2×4工法

●在来工法

設計の自由度が高く、
将来の増改築もしやすい

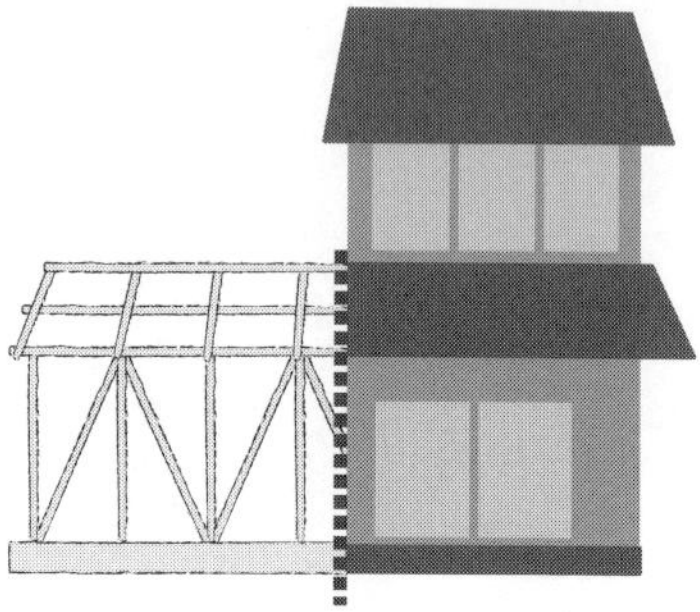

●2×4《ツー・バイ・フォー》工法

2インチ×4インチの木材を枠のように組み、その枠に合板を貼り付けて床や壁を組み立てる工法。在来工法が「線で支える」工法なら、2×4は「面で支える」工法

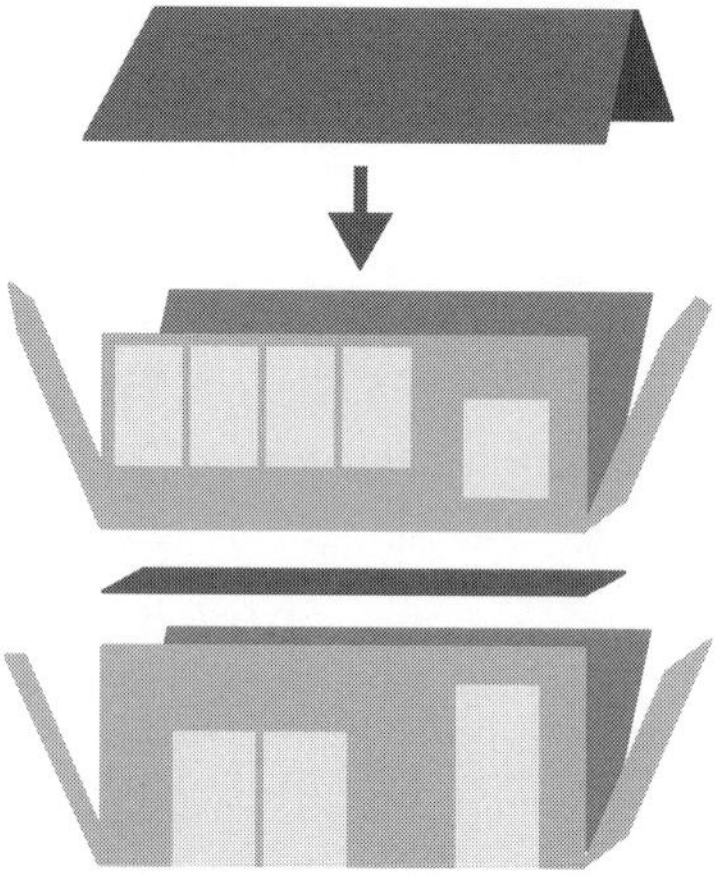

耐震性能は2×4には劣るが、適切なアンカー、耐震金物、筋交《すじか》い、火打ち梁《ばり》などを配置すれば震災に耐え得る十分な性能を確保することが可能になる。

ちなみに、柱は4寸各（120㎜）以上のものを使用する。

②「乾燥材」を使う

次は、使用する木材には、大きく乾燥材とグリーン材（未乾燥材）があるが、必ず乾燥材を使うようにしてほしい。木材は伐採された直後の含水率は80％にもなる。

グリーン材は安価ではあるが、含水量が多いため、木材の強度が得られないばかりでなく、乾いたときに木がよじれたり、割れたりして「あばれ」てしまう可能性が高い。木が「あばれ」ると、柱や梁《はり》が曲がってしまうため、ドアの開閉ができなくなるといった不具合が起こってしまう。

そのため、**使用可能な木材の含水量は25％以下**になるので覚えておくようにしよう。

③「ベタ基礎」にする

建物の土台になる基礎は必ず「ベタ基礎」にする。基礎の工法には、ベタ基礎の他に「布《ぬの》基礎」がある。ベタ基礎とは、建物全体を「面」で支える方法だ。一方、布基礎は、

●布基礎

基礎部分で建物を支える

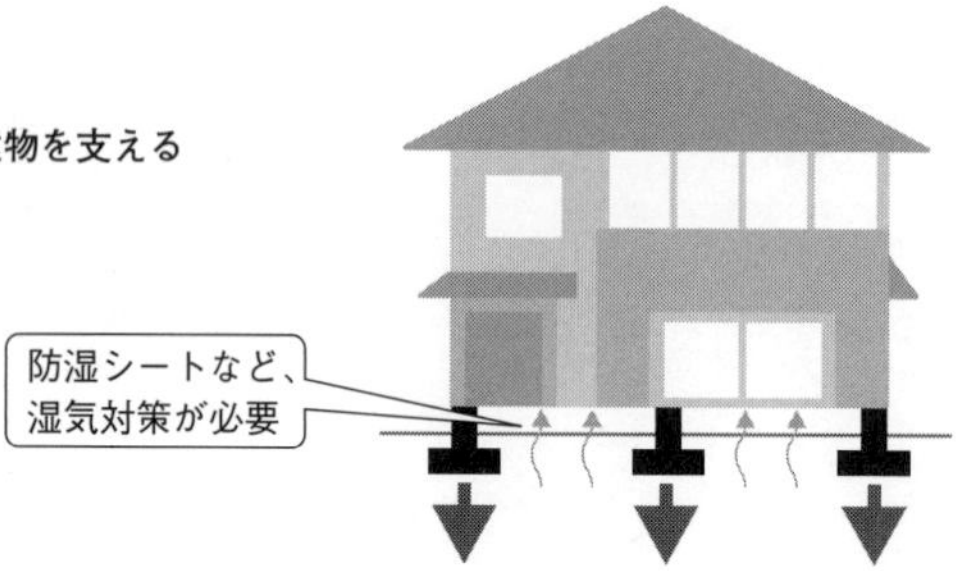

いわゆる碁盤の目のような線状につながっている基礎のことである。

コスト的には、布基礎のほうが安価だが、**ベタ基礎のほうが耐震性に優れ、地面の湿気を遮断しやすい**というメリットがある。

その他にも、ベタ基礎には、コンクリートを流しやすい、工期が早い、というメリットもある。

④金物をチェックする

在来工法にとって、金物は耐震性、耐久性を高めるためになくてはならないものである。この金物が適正に使用されているかをしっかりチェックする必要がある。

まず、基礎と土台には「アンカーボルト」（145ページ参照）を使用するが、このアンカーボルトが土台のほぼ中央にあるか、ボルトが緩んでいないかをチ

図13●布基礎とベタ基礎の違い

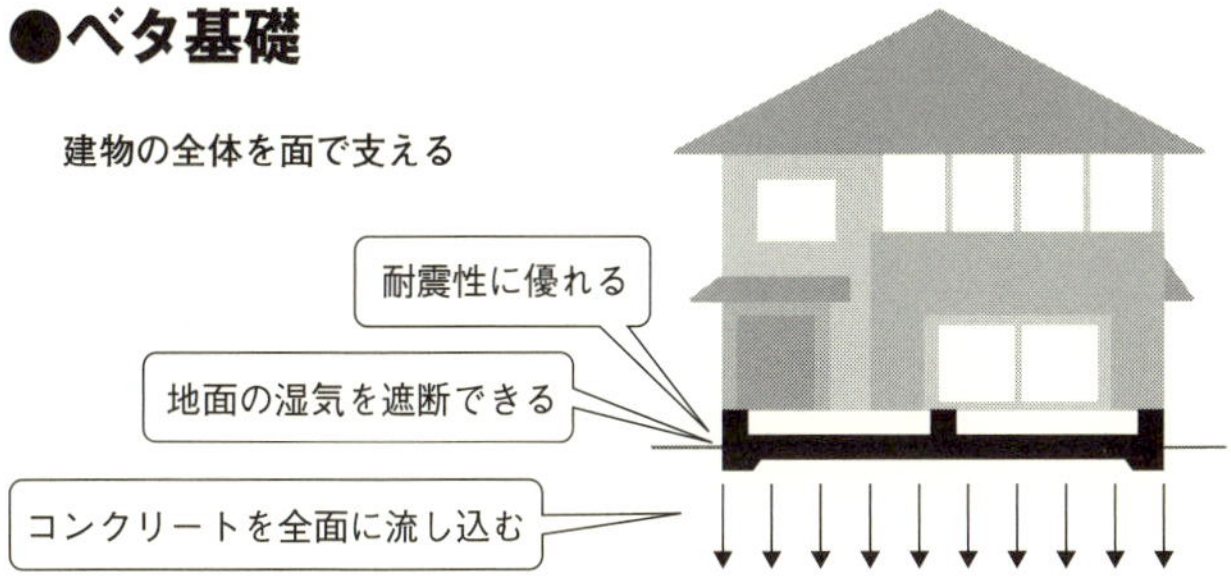
●ベタ基礎
建物の全体を面で支える
耐震性に優れる
地面の湿気を遮断できる
コンクリートを全面に流し込む

エックする。

さらに、基礎と土台と柱をつなぐ、ホールダウン用のアンカーボルトもムリに曲げられていないか、ボルトが緩んでいないかチェックする。

筋交い金物、管柱《くだばしら》や通し柱に使用する、補強用の**かど金物**（次ページ参照）などもしっかり取り付けられているかチェックしておく。

柱と梁をつなぐ**羽子板金物**（次ページ参照）も非常に重要な金物である。これがまっすぐ正しい位置に取り付けられているかを確認するようにしよう。

これらの金物は、通称**「Zマーク表示金物」**と呼ばれる軸組み用の金物、およびZマーク表示と同等の性能を持つと認定された金物を使用するようにしてほしい。

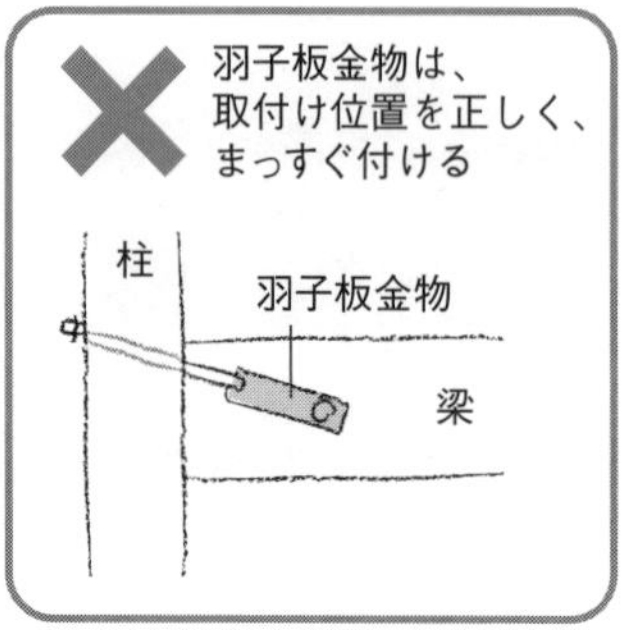

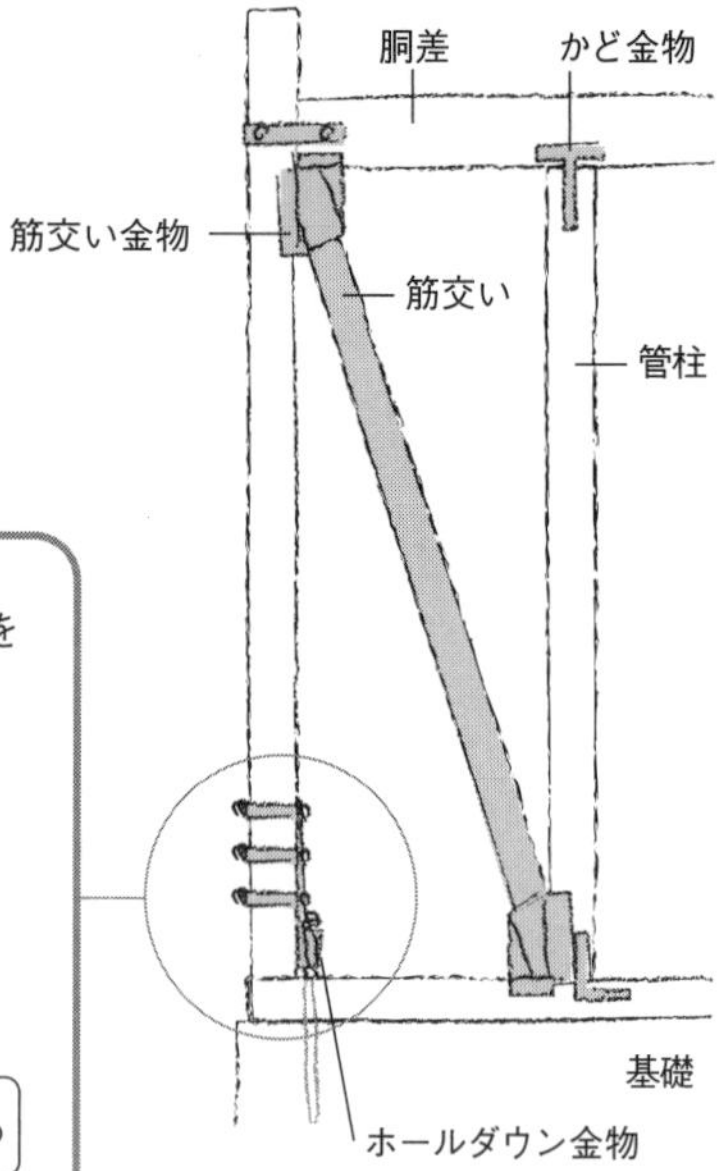

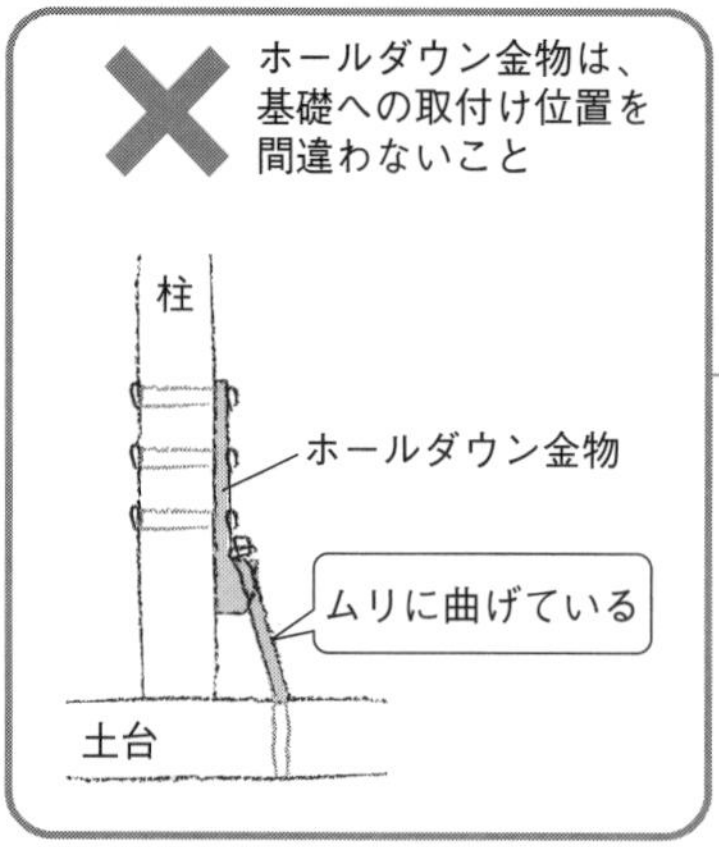

（出所）『実用図解　木造住宅工事チェック・ハンドブック』（作品社）

図14 ●耐震性を高める「金物」のポイント

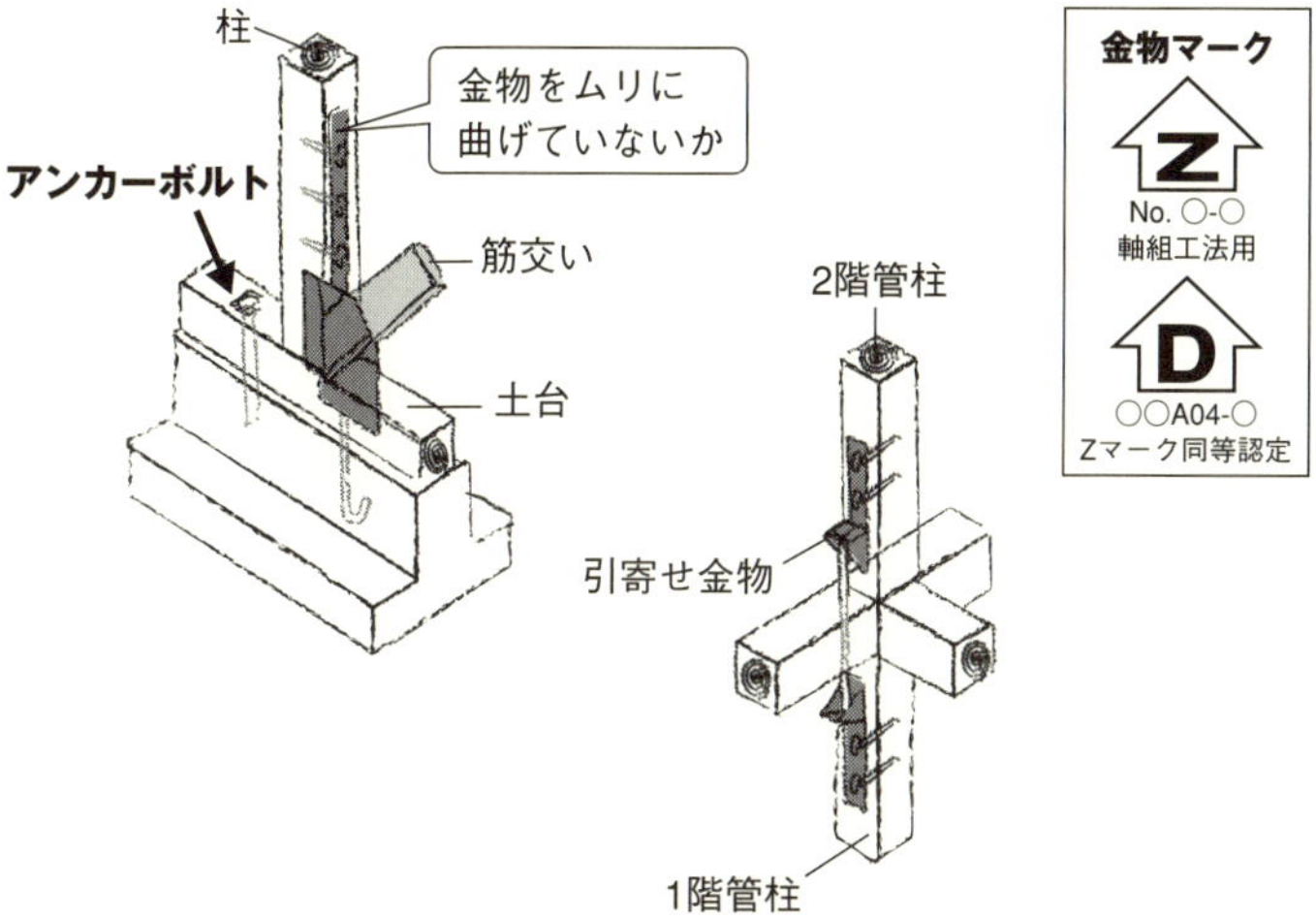

●Zマーク表示金物の承認

（財）日本住宅・木材技術センター認定マークの例示

999 － 1
申請者番号 工場番号

●同等認定制度

（財）日本住宅・木材技術センターの規格金物と同じではないが、形状が類似しており、使用方法が同じものである金物につき、その品質・性能が該当の規格金物と同等以上の性能を有するものとして認定する制度。

999 A 01 － 1
申請者番号 工場番号 認定された年 金物番号

（出所）日本住宅・木材技術センター

⑤筋交《か》い・火打ちは、バランスよく施工する

筋交い・火打ちは、建物の中で斜めに使い、耐震性を高めるために使う部材である。筋交いは、左右どちらの方向から力を受けても強くなるように、バランスよく施工することが重要だ。

火打ちには、大きく2種類の施工方法があり、梁《はり》火打ちはボルトでしっかり留め、土台に使う火打ちは釘打ちで留める。筋交い・火打ちが正しく施工されているかで、耐震性能が大きく左右されるので、しっかりチェックしておこう（次ページ参照）。

⑥シロアリ対策

シロアリ対策は、建物の耐久性を保つために必ず行う必要がある。シロアリ対策には、土壌処理と木部処理の2つの方法がある。土壌処理は、基礎を作る前に基礎周りの土壌部分に防腐防蟻材を散布し行う。

木部処理は、**敷地から高さ1mの木部に防腐防蟻材を塗布**して処理を行っておく（148ページ参照）。

図15●筋交い・火打ちのチェック

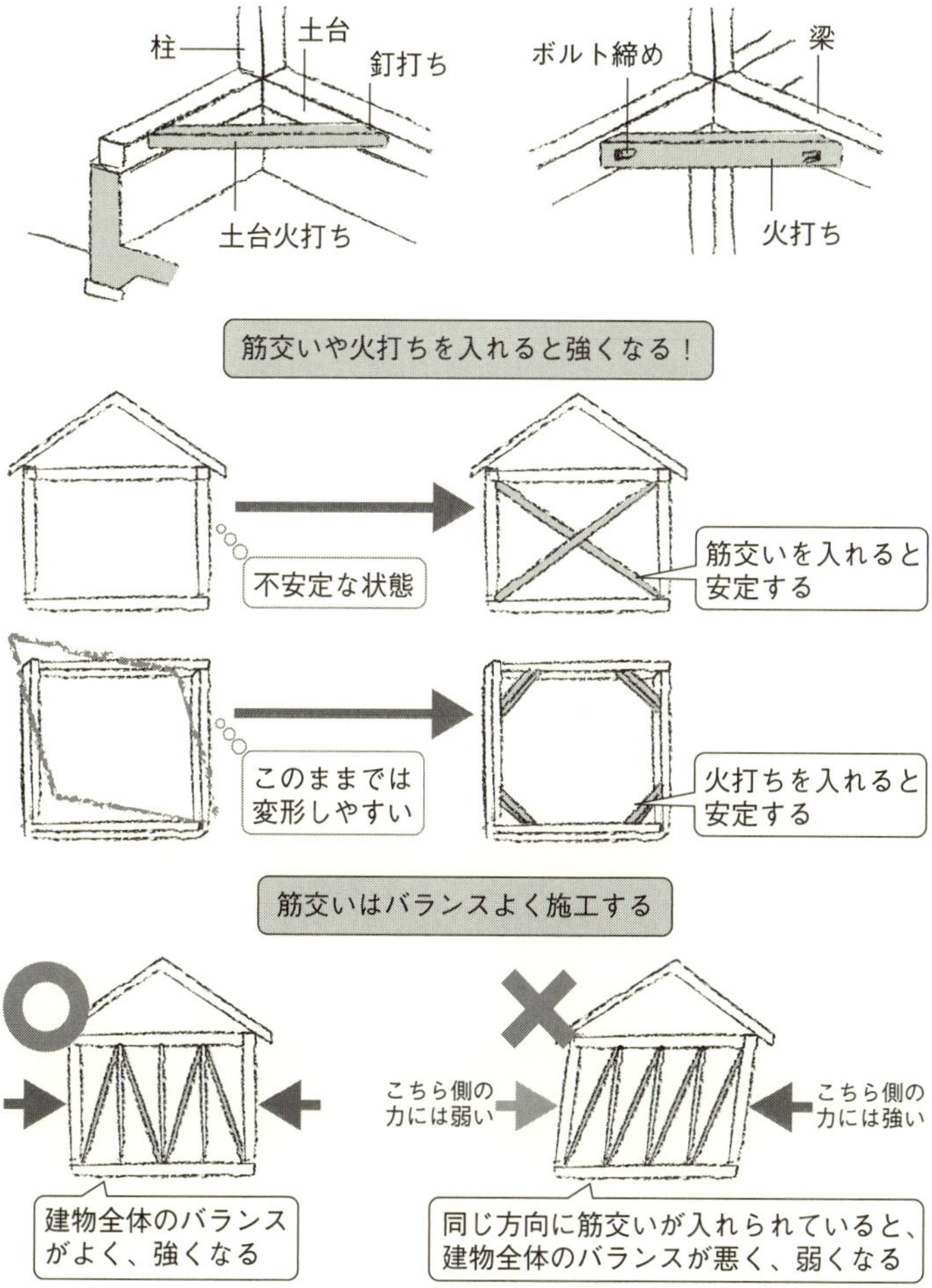
柱
土台
釘打ち
土台火打ち
ボルト締め
梁
火打ち
筋交いや火打ちを入れると強くなる！
不安定な状態
筋交いを入れると
安定する
このままでは
変形しやすい
火打ちを入れると
安定する
筋交いはバランスよく施工する
こちら側の
力には弱い
こちら側の
力には強い
建物全体のバランス
がよく、強くなる
同じ方向に筋交いが入れられていると、
建物全体のバランスが悪く、弱くなる

（出所）『実用図解　木造住宅工事チェック・ハンドブック』（作品社）

⑦サイディング仕上げがお薦め

外壁の仕上げは、サイディング仕上げ（次ページ参照）がお薦めだ。

通常のモルタル＋吹付け外装仕上げは、見た目はいいが汚れが目立つので、メンテナンスコストがかかる。

その点、最近のサイディングは、汚れがつきにくくデザイン性にも優れているものが多くなった。

また、サイディングは、部材そのものが耐火および防水性を持っているので、施工上の手間は在来のモルタル仕上げに比べ格段に少ない。

個人的には、モルタル＋ジョリパット仕上げ（上質の吹き付け材）のほうが味わいがあって好きなのだが、イニシャル

図16●シロアリ対策のチェックポイント

・防蟻剤の種類を確認
・塗り残しはないか
・床下に廃材はないか

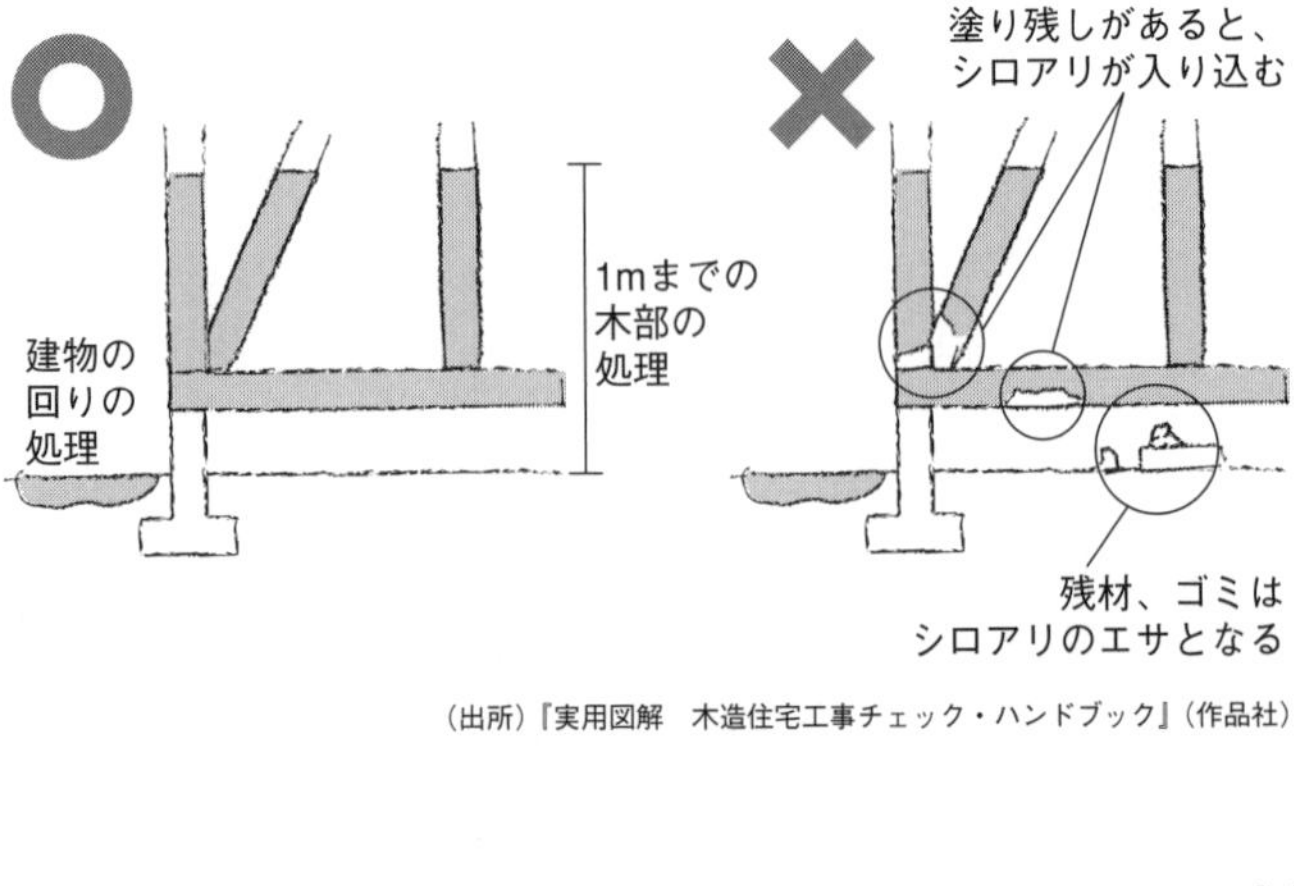

1mまでの
木部の
処理
建物の
回りの
処理
塗り残しがあると、
シロアリが入り込む
残材、ゴミは
シロアリのエサとなる

（出所）『実用図解　木造住宅工事チェック・ハンドブック』（作品社）

およびランニングのコストを考えると、サイディングに分があると言えるだろう。

⑧施工者の10年保証に一筆入れてもらう

2000年4月に住宅品質確保促進法(以下、品確法)が施行され、工務店・住宅メーカー・分譲住宅会社などの住宅供給者が、新築住宅の瑕疵《かし》保証を10年間に渡って行うことが義務づけられた。

10年保証の対象となるのは、建物の構造耐力上主要となる、基礎、構造体等、および、雨水の浸入を防止する、屋根、外壁などである。

従来の法律だと、2年しか瑕疵保証がされなかったが、この品確法の施行によってその保証期間が延びただけでなく、

図17 ●サイディングの仕組み

・仕上げがカンタンで、メンテナンスコストもほとんどかからない

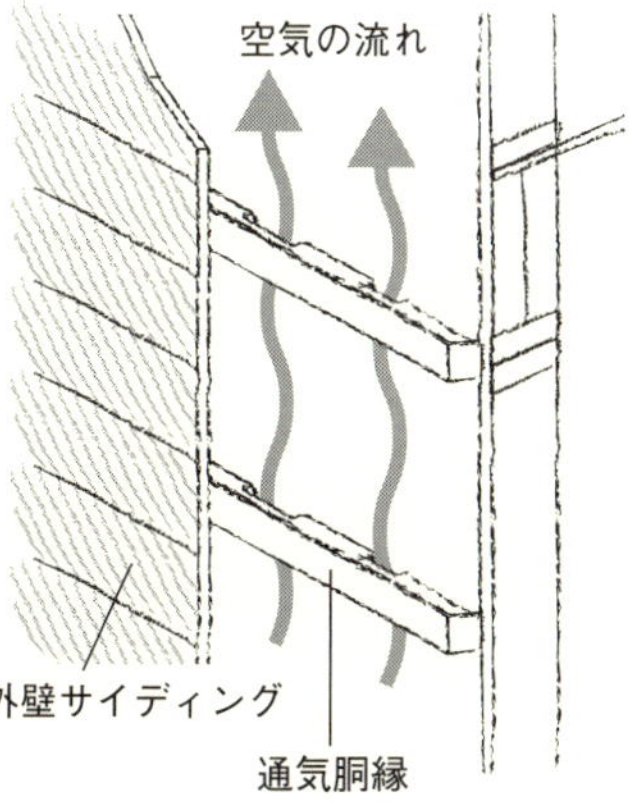

(出所)『実用図解　木造住宅工事チェック・ハンドブック』(作品社)

施工者にとってより高品質な住宅を供給しなければならないというプレッシャーも与えることができた。

この品確法は、あくまでも10年保証を義務づけたものであるので、必ずしも書面による保証書の発行は必要ない。

しかし、いざこの品確法に抵触する保証問題が発生したときのため、完成引渡時に施工者から**10年保証の一筆を差し入れてもらっておくようにしたほうが無難**である（次ページ「アフターサービス保証書」参照）。

⑨第三者検査による10年保証がお薦め

たとえ、施工者から10年間の保証書をもらっていても、その業者が10年後に存在しているという保証はどこにもない。

もし、施工業者が倒産などで消滅してしまえば、いくら10年間の保証書をもらっていても、大家さんは泣き寝入りするしかなくなってしまうのである。

そこでお薦めしたいのが、第三者機関による10年保証である。

第三者保証にはさまざまな機関があるが、お薦めは、日本住宅保証検査機構、通称JIO（ジオ）である。

図18●「アフターサービス保証書」の例

平成○年○月○日

アフターサービス保証書

大家太郎　様

請負者

㊞

当社の施行した、○○戸建賃貸新築工事において、引渡日より２年間をアフターサービス期間とし、その期間内に故障等が生じた場合には、無料にてすみやかに修理いたします。

ただし、天災等の不可抗力における事故、所有者の不当な使用方法における故障等については、この限りではありません。

なお、『住宅の品質確保の促進等に関する法律』に定められている、構造耐力上主要な部分の瑕疵（屋根・梁・柱・耐力壁・土台・基礎等の構造躯体部）住居および室内部への雨水の浸入を防止する部分の瑕疵につきましては、10年間の瑕疵期間担保責任として、当社の責任において無償で修理させていただきます。

以上

ＪＩＯの特徴は、地盤調査から始まり、実際に施工中４回の現場検査を行い、すべての検査に合格した建物だけに10年間の保証をすることだ。

ＪＩＯ以外にも、第三者の保証機関はあるが、現場報告書などの書類審査だけで10年保証をするものもある。

しかし、ＪＩＯなら、検査ごとに詳細な報告書で合否が判定され、万一不具合が見つかったときには、工務店にやり直しが命じられる。

やり直しとなった場合には、再検査に合格しなければ次の工程に進めないから、第三者の目でしっかり品質を管理してもらうことができる。そして、ＪＩＯの検査にすべて合格した建物のみが10年保証の対象になるのである。

第三者の検査と10年保証があれば、手抜き工事を防ぐことができるばかりか、万一、工務店が倒産などしても安心だ。また、第三者機関の保証があれば、建物が売却されても保証は購入者に引き継がれる。

ちなみに、検査と保証料は、規模などにより異なるが、１棟当たり13万～16万円程度。この程度の金額で安心を買えるのなら安いものだろう。

ＪＩＯの申込みは、ＪＩＯに登録している工務店に限るが、特別な負担なく新規の登録

図19 ●JIOの保証部位一覧

保証部分		保証期間	保証対象	現象（構造上の不具合）	保証対象外
構造耐力上主要な部分	基礎	10年	構造耐力	沈下、不同沈下等によるヒビ割れ・欠損	コンクリートの収縮による構造強度に支障をきたさないヒビ割れ、欠損、アプローチ、ポーチ、玄関土間、犬走り、テラスなどのヒビ割れ、欠損
	軸組			傾斜・ヒビ割れ・欠損・破断または変形	材質の収縮による構造強度に支障をきたさない傾斜、ヒビ割れ、欠損・破断または変形。また、それによって生じる建具の開閉不良
	床			傾斜・ヒビ割れ・欠損・破断または変形	材質の収縮による構造強度に支障をきたさない傾斜、ヒビ割れ、欠損・破断または変形。また、それによって生じる建具の開閉不良・表面仕上材のきず
	壁			傾斜・ヒビ割れ・欠損・破断または変形	材質の収縮による構造強度に支障をきたさない傾斜、ヒビ割れ、欠損・破断または変形。また、それによって生じる建具の開閉不良・表面仕上材の色褪せやきず
	屋根			ヒビ割れ・欠損・破断または変形	材質の収縮による構造強度に支障をきたさない傾斜、ヒビ割れ、欠損・破断または変形。表面仕上材の色褪せやきず
雨水の浸入を防止する部分	壁		防水	雨水のしたたり、または雨水の浸入による室内仕上面の汚損	台風等の強風時における一時的な雨水の浸入、また、それにともなう室内仕上面の汚損
	開口部				
	屋根				
	屋内の雨水排水管				

JIO検査の流れ

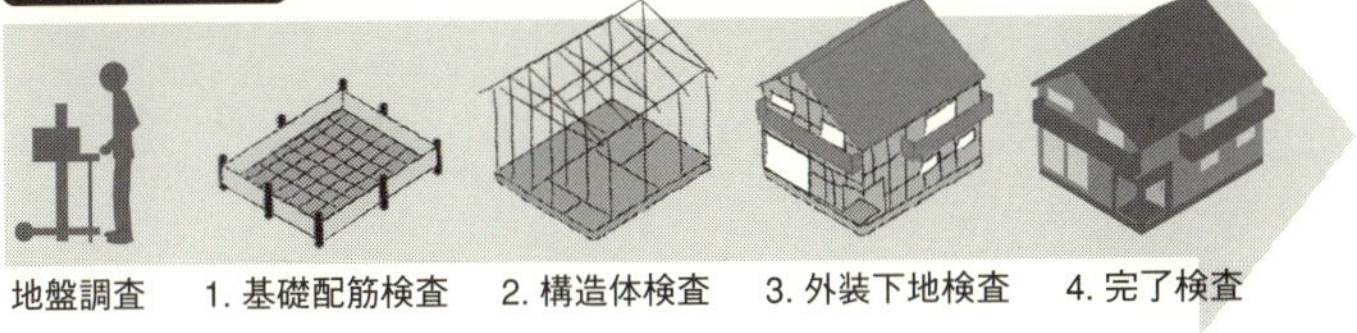

（出所）http://www.jio-kensa.co.jp/

はできる。もし、施工を依頼する工務店がなんら第三者の保証を行っていないようならば、ＪＩＯへの登録申込みが可能かどうか、相談してみるといいだろう。

消費税は全額取り戻せる

戸建賃貸の建築にかかった消費税は、すべて取り戻すようにしてもらいたい。

新築や中古の戸建賃貸は、条件次第でほぼ全額消費税を取り戻すことができる。

現在、消費税は5％だが、１０００万円当たり50万円の消費税をほとんどの大家さんが払いっ放しになっている。

本来、消費税は最終消費者である入居者が払うべきものだが、家賃の売上は消費税の非課税売上となってしまうために、本来負担することのない建築時の消費税を大家さんが負担することになってしまっている。

この消費税を取り戻すことができれば、利回りはさらによくなり、そのお金で建物のグレードアップを図ることもできるのである。

カンタンに消費税還付の方法をまとめると、次のとおりになる。

①「事業開始届」「青色申告届」「消費税課税事業者選択届出書」を税務署に提出する
②物件敷地内に、自動販売機を設置し、課税売上を上げる
③課税期間内に、非課税売上となる家賃を発生させない

この3つの条件がそろえば、消費税はほぼ全額取り戻すことができる。

課税期間は、個人の場合は1月1日~12月31日までだから、建物の完成および中古物件の引渡しは、12月にすることが基本になる。

この場合、入居者との契約は、翌年1月1日以降にする。ただし、課税期間の短縮特例を利用すれば、3か月ごと、もしくは1か月ごとに課税期間を短縮することができる。

一方、法人の場合は、その法人の決算月によって課税期間が違うから、法人を新設し、建物の完成月、中古物件の引渡し月に合わせて決算月を設定すれば、消費税の還付を受けることができる。

また、もし、非課税売上となる家賃収入がない法人なら、新しく法人を作らなくても、決算月を変更するだけで対応ができる。

具体的な消費税還付のテクニックは、拙著『「金持ち大家さん」になる! ㊙裏マニュ

アル』（日本実業出版社）に詳しいので、参考にしてもらいたい。

また、消費税還付に関する相談は、私のホームページでも無料で受け付けている。相談者のうち、すでに100人近くが消費税還付に成功しているから、失敗しないためにも遠慮なく利用してほしい。

・無料消費税還付相談窓口　http://www.superfp.com

第5章

利回り20％以上の「中古戸建賃貸」をキャッシュで手に入れる方法

ここからは、土地を持っていない人がゼロから利回り20%以上の中古戸建を購入する方法について解説しよう。

最近では、不動産価格の上昇により、なかなかアパートが買えなくなったという声を耳にする。

また、ゼロ金利が解除され、金利も上昇傾向にあるから、少ない自己資金でフルローンをしているサラリーマン投資家は注意が必要だ。

金利が上がれば、手元に残るキャッシュが少なくなるからだ。

それだけではない。中古のアパートやマンションの場合、減価償却期間が短く、減価償却額も少ないから、フルローンをしていると、経費にできない元金が多いので、手元のお金よりも申告所得のほうが多くなってしまうということが起きてしまう。そうなると、当然、支払う税金は多くなり、経営は悪化する。

しかし、中古の戸建をキャッシュで購入すれば大丈夫。金利上昇の影響も受けないし、税金も残ったキャッシュ分だけにかかってくるから、余計な税金を支払う心配はない。

また、中古の戸建なら、キャッシュで購入できる数百万円程度のものもあるから、サラリーマン投資家にはうってつけだ。

たとえば、いままでサラリーマンがキャッシュで買える物件と言ったら、中古マンション一室への投資くらいしかなかった。

マンションだと、管理費や修繕積立金が差し引かれ、手元に残る利益はスズメの涙ほどにしかならないことが多かったはずだ。

しかし、中古の戸建は投資額が少ないばかりではなく、儲けも大きい。

現在はまだ、ごくわずかの投資家しか中古の戸建に注目していないから、これからお伝えする物件の買い方を参考に、あなたも戸建賃貸のオーナーを目指してみてはいかがだろうか。

中古の戸建を安く手に入れる方法

それではまず、中古の戸建の探し方について解説しよう。

中古の戸建を探す方法は、基本的に中古アパートを探す方法と一緒である。

物件検索の方法は、インターネット、不動産の折込み広告、不動産情報誌などがあるが、情報流通のスピードからすると、インターネットがメインになるだろう。

利用するサイトは、「住宅情報ナビ」（リクルート）、「ホームズ」「アットホーム」「アドパーク」などの住宅情報サイトが一般的だ。

中古の戸建は、現在のところ不動産投資家の眼中にはないので、意外にも多くの情報を手に入れることができるだろう（この本が世に出た後はわからないが……）。

しかし、いい物件を仕入れるためには、このようなサイトを日課のようにウォッチし続け、よさそうな物件は、すぐその日に見に行くぐらいのフットワークの軽さが必要だ。

積極的に情報提供をしている不動産業者には、お店に顔を出すなどしてコミュニケーションを取っておくといい。もし、お薦めの物件があったら、先に情報をもらえることもあるからだ。

また、意外にも、インターネット上の「売り土地情報」にも、お宝情報が潜んでいる可能性がある。

売り土地を検索していると、ときどき、「売り土地、古家あり」というのを見かけることがある。

このような情報であれば、建物の価値はほとんどなしになっている場合があるので、非常に格安で戸建賃貸を手に入れられる可能性が高い。

・住宅情報ナビ　http://www.jj-navi.com/

・ホームズ　http://www.homes.co.jp/
・アットホーム　http://www.athome.co.jp/
・アドパーク　http://home.adpark.co.jp/

どのようなエリア・物件を狙うべきか?

次に、狙うべきエリアだが、都心部の場合、中古の戸建は地価が割高になり、利回りの高い物件を仕入れるのは難しい。

だから、**できる限り都心部へアクセスのよさそうな近郊**へ幅広く目を向けるほうがいいだろう。

ポイントとしては、**都心部と家賃相場の差が大きくなく、物件価格の安そうなエリア**を探すようにする。要は、分子が変わらず、分母が小さくなれば、それだけ利回りも高くなるわけだ。

そういったエリアが見つかれば、利回りのよい物件を仕入れられる可能性は高い。

また、自分の目の届く範囲の物件を探したいという思いはあると思うが、これといった管理の手間は、アパートほどかからないのが戸建賃貸のメリットでもあるので、遠隔地でもさほど気にする必要はないだろう。

北海道札幌市の平賀さんは、当初札幌市内の物件を探していたが、不動産投資ブームにより物件価格は上昇していた。そこで、平賀さんは、札幌市内と同じような家賃相場で物件相場が安いエリアを探し求めた。

すると、札幌市内から約１５０㎞のところに、札幌市内とそう家賃相場が変わらないエリアを見つけ、そこで「５ＬＤＫの中古戸建」を見つけ出した。

写真1 ●北海道札幌市・平賀さんの戸建賃貸

平賀さんのブログ「不動産投資の手帖」http://plaza.rakuten.co.jp/jetset001/

売値は200万円だったが、交渉の結果、なんと140万円になったという。

「売主も高齢で即現金にしたいという事情があったので、安く購入することができました。築30年ほどですが、管理状態がよく、リフォーム代もあまりかからないのがよかったです」と、平賀さんは言う。

入居者も購入後1か月ですぐに見つかり、現在6万2000円で賃貸中とのこと。**利回りは53%**となる。

通常、中古のアパートなどを探す場合には、駅など交通のアクセスを重視することが多いと思うが、戸建の場合、アクセスの悪さはさほどデメリットにはならないので、思い切って郊外や地方へ目を向けてみよう。

そして、物件を見に行くときには、**必ず地元の不動産業者でヒアリングをする**のを忘れないようにしよう。

平賀さんの場合、「戸建賃貸を探しているという問合せは多いんだけどね。なにせ、モノ(供給)がないんだよ」という情報を業者から聞き出せたことで、「ここは戸建の需要が高いエリアだ」ということを確信したと言う。

ちなみに、郊外で物件を探す場合には、車は必需品だ。そこで、郊外の物件は必ず最低車1台分の駐車スペースがあるものを探すようにしよう。

それでもアクセスの悪さなどが気になる場合は、それを補えるだけの利回りを確保することである。

利回りはいくらのものを狙うか？

ところで、私は日頃、クライアントさんから、「利回りはどのくらいのものを狙えばいいのでしょうか？」ということをよく聞かれるが、ズバリ「何％ならいい」と答えるのは難しい。

なぜなら、高い、低いというのは、人それぞれ基準が違うからだ。

さらに、物件が新しいか古いか、立地がよいか悪いか、また間取りのよし悪しによっても、狙うべき利回りは違ってくるべきものだからだ。

どうせ投資をするのなら、利回りはできるだけ高いほうがいいと誰もが考えると思う。

しかし、最初から利回りが高い物件などはほとんどなく、指値や交渉によって安く買えたおかげで、結果として利回りが高くなっているのである。

重要なことは、利回りというのは、**いくらでその物件を買うか（買い付けるか）によって違ってくる**ものだということだ。

だから、買付け金額は、あなたが狙う利回りから逆算して求められるべきものである。

それでは、目標とするべき利回り、そして買付け金額はどうやって求めればいいのか。

目安となる買付け金額をカンタンに導き出すことができる独自の計算方法をお教えしよう。

この計算式があれば、あなたも買付け金額を瞬時に導き出すことができるようになるだろう。

浦田式買付け目安額算出法

たとえば、築10年の物件と築40年の物件があったとしよう。

それぞれの利回りが10％とした値段で売りに出されていたとする。

築10年の物件は、あと30年は使えそうだ。一方、築40年の物件は、このまま手を加えなければ、あと10年で朽ちてしまいそうなほど傷んでいる。

そう考えると、築40年の物件が利回り10％で売りに出されている金額が不適切であるということがなんとなくおわかりいただけるだろう。


たとえば、この築40年の物件を現金で購入したとする。

利回りは10％だから、単純に購入代金は10年で元が取れる。

しかし、10年後に朽ちてしまったとしたら、そこには土地だけしか残らない。

収益物件に投資したはずなのに、購入代金を回収した翌年に建物が朽ちはててしまえば本末転倒である。

そこで、私は、**最低でも投資回収した年数の2倍は収益物件として活用できることを前提に**適正な利回りというものを見るようにしている。

つまり、「購入代金回収年数＝物件の残存使用可能年数」であってはならないということなのだ。


もし、あなたが築40年の物件を見て、「あと10年は使えそうだな」と感じたとすれば、少なくてもその2分の1の年数、すなわち5年で購入代金を回収する必要があると私は考える。

そして、その５年で購入代金を回収するための利回りとは、

１÷５年×１００＝20％（適正利回り）

となり、この20％が築40年の物件に当てはまる適正な利回りということになるわけだ。

この適正な利回りを求めることができれば、適正な買付け金額を導き出すのもカンタンである。

つまり、年間に得られるであろう家賃収入を20％で割ればいい。

たとえば、年間１００万円の家賃が得られるとすると……、

１００万円÷20％＝５００万円

となり、適正な買付け金額は５００万円となるわけだ。

ちなみに、もし、この物件にリフォーム費用20万円が必要になる場合、その金額を５００万円から差し引いた４８０万円を買付け価格の目安にすればいい。

このように、買付け金額というのは、あなたが見て感じた残存使用可能年数によって求められるべきもので、「だいたい○○%あればいいや」とか「だいたい○○万円なら」というアバウトなものであっては、絶対にならないのである。

■実際に計算してみよう

では、例題として、下の公式に当てはめながら計算してみよう。

(例題)

ここに、築23年の中古の戸建がある。価格は800万円。パッと見て、あと15年は使えそうな物件。見積りを取ってみたところ、外装のリフォーム代金に30万円かかると言われた。家賃の相場は月8万円。

さて、この物件、あなたならいくらで買付けを出すか？

図20●浦田式買付け目安額算出法

投資回収年数 ＝ 残存使用可能年数 15 年 ÷2 ＝ 7.5 年

適正利回り ＝ 1÷ 投資回収年数 7.5 年 ×100 ＝ 13.3 %

買付け金額 ＝ 年間想定家賃 96 万円

÷ 適正利回り 13.3 %

− リフォーム費用 30 万円 ＝ 692 万円

→模範解答　690万円で買い付ける

お目当ての物件はどんどん買付けを出そう

さて、お目当ての物件が見つかり、買付け金額が決まったら、即座に買付けを出すようにしよう。

基本的に買付けは、業者に買付けが入った順番で、あなたが交渉権を獲得できるか否かが決まる。

だから、買付けはすぐに出す必要があるのだ。そのため、買付けはまずはＦＡＸで、原本は後日郵送、または持参すればいい（１７２ページ「買付証明書」参照）。

戸建であれば、アパートよりも規模が小さく、手持ちの資金で購入できることが多いから即座に買付けを出すこともできるだろう。

また、**買付けは必ず「指値」でする**こと。

買主のいい値で買う必要はまったくない。

先ほどの「浦田式買付け目安額算出法」などによって、あなたが適正とする金額で買付けを出せばいい。

経験上、一切値引きをしないという売主はほとんどいないから、指値をしないだけ損になる。

ただし、いくら指値をしても、仲介業者があなたの買付け書類を売主さんに持っていってもらえなければ意味がない。

買付けは、単に指値金額を仲介業者にＦＡＸすればいいというものではなく、まずは**電話であなたの希望する金額を売主に持っていってもらえるかどうかを仲介業者に確認してから**のほうが無難だ。

度がすぎる指値だと、買付けは即ゴミ箱行きになってしまうので注意しよう。


さて、指値で買うことができなくても、いくらかでも値引きしてくれれば儲けもの。

だから、多少の金額の歩み寄りも考えて、指値をするのが基本だ。

しかし、あなたの希望する価格で交渉が決裂したら、その物件は縁がなかったとスッパリあきらめて次の物件を探す勇気も必要である。

よく、物件がなかなか見つからないという人がいるが、いい物件にめぐり合うのは数の勝負だ。

いい物件は1000の情報を集めて、100の現場を見て、10の買付けを入れ、やっと1買えるくらいの確率なのだ。

分母が多ければ、それだけいい物件にめぐり合える確率も高くなるから、とにかく毎日、情報をウォッチし続けることが重要になるのである。

図21 ●買付証明書の例

買付証明書

平成18年 3月 1日

市川次郎　様

住所　千葉県市川市○○ □-△-×

氏名　大家太郎 (印)

下記の条件で対象物件の買受を希望いたしますので、ご検討のほど何卒宜しくお願い申し上げます。

【対象物件】

所　在　地		:	千葉県市川市○○町○丁目○-○
概　要	（敷地面積）	:	120.56㎡（公募）
	（地　　目）	:	宅　地
	（建　　物）	:	木造2階建て
	（延床面積）	:	100.22㎡

【金　額】　金 5,000,000円也（税込み）

【その他】一、契約日及び引渡し日、支払条件は別途相談によります。
一、ローン不成立の場合は白紙撤回といたします。
一、本書の有効期限を平成18年 3月31日とします。

何卒、宜しくお願い申し上げます。

中古の戸建賃貸は現金で買え

中古の戸建賃貸は、極力現金で購入できるレベルのものを探したほうがいい。

現金で購入できれば、仮に入居者がいなければ自分で住むことができるし、借金がない分、余裕を持って入居者を探すこともできる。

また、戸建の場合は、ほとんどが木造でその法定耐用年数は22年と短い。すると、実際には出ていかないお金を経費にできる減価償却もわずか数年で終わってしまうのだ。

もし、減価償却期間の残りがほとんどない中古の戸建をローンで購入したとすると、経費にならない元金返済分が大きくなるので、実際にあなたの手元に残っているキャッシュ以上の申告所得額になってしまう。

すると、実際以上に税金をたくさん支払う羽目になってしまうのである。

その点、現金で物件を購入すれば、手元のキャッシュより申告所得が多くなるということはなく同じになる。

このようなことからも、中古の戸建賃貸は現金で購入するほうが賢い。

もし、現金で買えない場合はどうするか？

しかし、もしいい物件が見つかったのに、手持ちの現金が足りない場合はどうするか？

基本的に、中古の戸建は、現金で買えるレベルのものに投資すべきだと思うが、その場合には銀行からローンをして購入することになる。

ただし、できるだけ手持ち資金を多くしてローンの金額は少なくするようにしたい。

そして、**ローンの借入期間は極力短くすること。期間は5年くらいが妥当**だろう。

何度も言うが、そうしなければ減価償却が少ない分、現金で購入するよりも税金を多く支払うことになってしまうからだ。

物件の規模によっては、2、3年度くらいまではそこそこ減価償却もでき、青色申告をすれば、欠損金の繰越控除（個人は3年間、法人は7年間）があるから、キャッシュフローは黒字だが、申告所得上は赤字にすることができるものがある。

申告所得が赤字だということは税金を支払う必要がないから、財布のキャッシュは丸々残すことができるわけだ。

そして、その現金を使わずに貯めておき、5年ほど経ったら残金一括返済でローンを完済する。そうすれば、減価償却期間が短い中古物件でも、税金を過剰に支払うことはなくなる。

競売で中古の戸建を手に入れる方法

中古の戸建は、競売で入手する方法も有効である。

都心部では、再販業者が高値で落札するケースが多いが、地方ならまだまだ数百万円で購入可能な戸建が競売に出ている。

基本的に、競売物件に入札する場合には、「入札保証金」として落札予定価格の20%を預け入れなければならない。そのため、アパートやマンションの競売になると、多額の自己資金が事前に必要になるというデメリットがあった。

その点、戸建賃貸の競売なら、入札保証金の金額も小さいからサラリーマン投資家にとっても負担が少なく参加しやすい。

宮城県塩釜市の村上宏さん（仮名）は現役サラリーマンだ（202ページ参照）。

村上さんは、競売によって中古の戸建賃貸を600万円で入手し、大家さんになった。利回りは13％程度ということだが、売却する際、少なくとも1000万円以上では売れると言う。村上さんのように、競売で落札できれば、含み益も多くなる可能性が高い。

また、埼玉県羽生市の鈴木ゆり子さんも、競売によって中古の戸建を4棟落札し、賃貸している大家さんである（下記写真参照）。

落札した戸建賃貸の利回りは、軒並み20％超えを達成している。

鈴木さんは、埼玉県大利根町の土地27坪に延18坪の戸建を150万円で落札し、内外装を150万円でリフォームした。合計投資額は300万円。

写真2●埼玉県羽生市・鈴木さんの戸建賃貸

それを6万5000円で募集したところ、わずか1か月ほどですぐに入居者が見つかった。年間家賃収入は78万円だから、**利回りは26%**になる。

しかし、その後、すぐに650万円で売ってほしいという人が現れた。

鈴木さんいわく、「少し手を加えて売れる物件にして入札すれば、すぐに購入希望者が現れることもめずらしくない」と言う。

「売れる物件であれば、入居者も住みたいって思うでしょう?」

売れる物件に投資をする。新築だけでなく中古戸建の物件選びのポイントもここにあるのである。

さて、競売情報は、不動産情報サイトの「アットホーム」で入手することができる。

また、不動産競売物件情報サイト(通称BIT)であれば、管轄裁判所によっては従来まで裁判所に行って閲覧しなければならなかった、「物件明細書」「現況調査報告書」「評価書」(通称3点セット)をインターネットにより無料でダウンロードすることができるようになった。

ひと昔前に比べると、競売物件がより手軽になってきたので、競売物件情報をウォッチしつつ、チャレンジしてみるのもいいだろう。

ただし、まだＢＩＴで物件情報を入手できないエリアもある。その場合は、競売物件情報誌などを購読し、裁判所に出向いて物件の詳細情報を入手することになる。

・不動産競売物件情報サイト（ＢＩＴ）　http://bit.sikkou.jp/
・競売物件情報誌　㈱日本インターフェイス　http://www.nihon-interface.jp/

競売で戸建を落札したら前の所有者にそのまま住んでもらう

さて、めでたく競売で戸建を落札しても、前の所有者がその家に住んでいる可能性がある。しかし、賃貸目的の場合で落札した場合は、前の所有者にそのまま住んでもらうことで、明渡しのリスクを回避することが可能だ。

前述の埼玉県羽生市の鈴木さんは、前の入居者を追い出さずにそのまま家賃を払って入居し続けてもらっている。

「前の所有者はその家に愛着があります。生活環境にもなじみがあり、ほとんどの方が住み続けていたいと思っているんですね。だから、家賃を払ってそのまま住んでもらうようにしています」

「ええっ!?　家を差し押さえられた人が家賃など払えるのか？」

こう感じた方も多いと思うが、鈴木さんいわく、「前の所有者は膨大になってしまった債務がなくなるので、これで支払いが軽くなったと逆に喜んでいただけることが多い」のだと言う。

競売で戸建を取得するリスクと「占有屋」の対処法

落札した戸建に前の所有者が家賃を払って入居してくれればいいが、家賃を払えない場合には当然、立退きをしてもらわなければならない。

その場合には、先ほどの法的手続きを踏むことになるから、２、３か月の期間と強制執行にかかる費用（約60万円以上）を覚悟しておく必要がある。

また、前の所有者がその物件を賃貸している場合は、入居者に立退きをしてもらうか、そのまま家賃を払って入居を継続してもらうことになる。

立退きには、費用や時間もかかるから、そのまま契約をし直して入居を継続してもらうことを第一に考えたほうがいい。

しかし、その場合、もともとの家賃が相場より低かったりすると、家賃を上げるのに時間がかかってしまうことがある。

また、前の所有者と入居者との関係が悪かったばかりに怒りの矛先が落札者に向かい、家賃を下げさせられてしまったという手痛い失敗談もあるので、注意が必要だ。

それでも、まだ入居者が家賃を払って住み続けたいという善意の方だったらいいほうである。

競売には、債権者が債権回収のためにいわゆる「占有屋」を送り込むものがある。

これは、競売にかけられる直前に所有者と短期賃貸借を結び、落札者から法外な立退き料を請求する悪質なものだ。

しかし、2004年4月1日に「短期賃貸借保護制度」が廃止され、占有屋をカンタンに排除できるように法律が改正された（民法395条改正）。

短期賃貸借とは、3年以内の賃貸借のことで、この法律改正以前、すなわち2004年3月31日以前の短期賃貸借では、競売により物件の所有権が移転しても、入居者はその物件に住み続けることができた。そこで、悪質な占有者が横行していたのである。

しかし、この改正により、２００４年４月１日以降に締結された短期賃貸借契約については、入居者は競売落札者に対抗できず、６か月の経過をもって物件を明け渡さなければならなくなった。

この場合は、当然のことながら、落札者は入居者に立退き料の類を支払う必要はない。

そこで競売をする場合は、**２００４年４月１日以降の短期賃貸借があるか否かをチェックする**ことだ。

いずれにしても、占有屋がいる場合には、落札した後が非常にやっかい。

事前に周辺の聞き込み調査や直接物件を訪問するなどして、占有屋がいないかどうかを十分調査してから入札したほうがいいだろう。

戸建賃貸の入居者をラクラク獲得する方法

現在、戸建賃貸は、その需要の割に供給が少ないため、入居者が決まりやすい環境にあるが、次の４つのポイントを押さえれば、さらに入居者をラクラク獲得することができるだろう。

■ポイント① 幅広く不動産業者に入居募集を依頼する

物件情報は1つの業者に絞らず、地域の不動産業者に幅広く募集の依頼をすることが重要になる。

戸建の場合には、ほとんど建物管理の手間がかからず、募集だけ依頼するケースが多いだろう。客付けだけなら、不動産業者に気を遣うことも少ないから、できるだけ多くの業者に募集を依頼したほうがいい。

■ポイント② 「広告手数料1か月分」を約束する

入居者の依頼をするときに、必ず広告手数料を1か月分出すようにしよう。

広告手数料を出せば、レインズ、インターネット、賃貸情報誌などに積極的に物件情報を掲載してくれるからだ。当然、そのほうが入居者の目にも留まりやすくなり、結果的に早期に入居者が見つかる可能性は高くなる。

■ポイント③ 「法人に強い不動産業者」を見つける

複数の業者に入居募集を依頼する場合、法人に強いかどうかをヒアリングしてみよう。

私が施工させていただいた、さいたま市と熊谷市の新築戸建8棟のうち、なんと6棟が法人の借り上げ社宅となっている。

法人需要に強い不動産業者であれば、家賃が高くても早期に入居者が決まる可能性が高くなる。では、どうやって法人に強い不動産業者を見つければいいのか？

それは、**「社宅探しの問合せは多いですか？」**とひと言聞くだけだ。

もし、法人に強い不動産業者を見つけることができれば、あなたにとって強力なパートナーになることは間違いない。

■ポイント④　営業マンに謝礼を出す

最後に、募集を担当してもらう各業者の営業マンには、成約した場合の謝礼を約束しておくようにしよう。

この謝礼の効果は絶大だ。あっという間に入居希望者を連れてきてくれるだろう。謝礼は商品券などで渡せばいい。商品券なら領収書も出て経費にできるし、もらった営業マンも確定申告などの必要はない。

ただし、謝礼は担当者との間だけの気持ちのやりとりとし、あまり大々的にはしないほうがいい。業者によっては、営業マンがもらった謝礼を取り上げてしまうところもある。

その辺の配慮は、十分必要になるので注意しておこう。

第6章

戸建賃貸ならではのリスクとその回避法

ここまで、戸建賃貸がいかに優れた土地活用法、投資法であるかということを紹介してきた。

今後、戸建賃貸が脚光を浴び、数多くの大家さんや投資家が戸建賃貸を運営することになるだろう。でも、どんなに優れた投資でも必ずリスクがともなうものだ。

しかし、あなた自身が戸建賃貸のリスクをしっかりと理解し、そのリスクを管理できればリスクを恐れる必要はまったくない。

たとえば、車を運転していて時速100㎞で走っているとしよう。

あと100m先にカーブがあるとわかっているのと、突然カーブが出現するのとでは、どちらが事故の確率が高いだろうか。答えは言うまでもない。

リスクは、あなた自身がその本質をつかんでいないために襲いかかるのである。

そこで、ここからは、戸建賃貸のデメリットやリスク、そしてその回避方法について解説していこう。

戸建賃貸のリスクを理解して管理できれば、戸建賃貸はあなたにとってすばらしい資産になるだろう。

それでは戸建賃貸の6つのデメリットを解説しよう。

戸建賃貸のデメリット①

空室発生時の損失リスクはアパ・マンよりも高い

戸建賃貸は1戸を1世帯に貸すスタイルだから、空室のリスクが高い。

それゆえ、高い利回りでリスクヘッジができるのが戸建賃貸の特徴なのだが、ルームシェアで戸建賃貸を複数の人に貸せば、アパートと同じように空室リスクを軽減することができる。

しかも、ルームシェアならもっと利回りがよくなる可能性が高い。

実際、当社のコンサルタントである谷本シンさんは、このルームシェアによって戸建賃貸を運営しており、その**利回りは46%を超えている**。

ルームシェアとは、1戸の家を複数のシェアメイトと一緒に共同生活するスタイルのことだ。簡単に言うと、昔あった下宿のようなもので、まかないのないスタイルだとイメージしてもらうといい。

ルームシェアは、欧米では一般的な賃貸のスタイルだが、日本ではここ最近になって、一般に浸透し始め、人気の生活スタイルになってきた。

募集方法もカンタンで、インターネットで「ルームシェア」と検索すると、複数の「シェアメイト募集」の掲示板を運営しているサイトが見つかる。そこに、シェアメイト募集の書込みをするだけである。

ルームシェアにすることで、入居者との面談や契約業務に関する手間がかかるが、満室になるまでの辛抱だ。

また、共同で使う冷蔵庫、電子レンジ、エアコン、寝具、洗濯機等もそろえる必要があるが、リサイクルショップで購入すれば10万円程度でそろえられるので、思ったほどコストもかからない。

シェアメイトが見つかったら、**1人1室ずつの入居契約**をする。3LDKの一軒家なら、3人の入居者と契約するわけだ。仮に1人退去しても入居率は66%。戸建賃貸の場合、利回りが高いのが特徴だから、入居率が66%でも十分な収入が得られる。

いかがだろうか。

戸建賃貸は利回りが高いだけでなく、空室に関するリスク対策も十分可能なのである。

ルームシェアに関する募集、運営などのノウハウはここでは詳しくは書かないが、拙著

『「金持ち大家さん」になる！ ㊙裏マニュアル』（日本実業出版社）に詳しいので、ぜひ参考にしてほしい。

戸建賃貸のデメリット②
家賃相場が形成されていないので、家賃設定に悩む

私は、戸建賃貸をさいたま市と熊谷市で計8棟建築したが、一番苦労をしたのは家賃の設定だった。

なぜ、家賃の設定に苦労したかと言うと、その地域の戸建賃貸の供給がほとんどなかったからなのだ。

アンケート調査によって、戸建賃貸のニーズは高いということはわかっていた。しかし、家賃をいくらで募集したらいいのかは最後まで私の頭を悩ませた。

さいたま市周辺の賃貸マンションは、どんなに高額でも月12万円程度だった。当然、事前の調査によって12万円以上で貸せるという自信はあったが、それ以上の家賃設定がないということが引っかかっていたのである。

熊谷市も同様に10万円を超える賃貸マンションはほとんどない。高くても9万円前後し

かなく、家賃9万円台の賃貸マンションはそのエリアでは超高級の部類に入る。

もし、あなたがこれから戸建賃貸を建てようと考えているのなら、相場が形成されていないため、私と同じように家賃設定に悩むだろう。

しかし、どうせなら思い切った家賃設定をしてもらいたい。

そして、前章でお話しした入居募集の4つのポイントを押さえれば、家賃が高くても入居者は現れる。

たとえば、**さいたま市の場合は、月12万円台が収支計画上の設定だったが、結局13万8000円でも、3世帯の募集に対して8人（2・6倍）もの入居者が殺到した。**

熊谷市のほうも9万円台がアッパーの家賃相場のエリアにもかかわらず、10万円で入居者が見つかったのである。これも**募集からわずか3日で満室**になった。

このように、戸建賃貸には、既成の相場をものともせず独自の相場を形成できる威力があるのだが、新築の戸建賃貸の場合、より確実に高い家賃で入居者を獲得するための条件がある。

その条件とは、**完成の時期を外さないこと**である。

完成時期の第一目標は**3月**。3月についで完成に適した時期は**9月**になる。やはり、毎年この2つの時期が一番入居者の群れがやってくるわけで、家賃を高くしたいのなら、この時期を狙ってほしい。

ただし、完成時期は3月末などのギリギリは避け、できるだけ半月、1か月は余裕を持って完成させることが大切だ。戸建の場合、1棟なのできれいに仕上がったモデルルームを現場に用意することができない。

通常のアパ・マンであれば、建物全体が完成していなくても、入居希望者に見せるため1戸だけ早く仕上げてモデルルームとして利用することができるが、戸建の場合には1棟なのでそれが難しいのである。

基本的に入居者は、実際に自分の住む部屋を見ないで契約することはないから、余裕を持って完成させる必要がある。

このように、完成時期を3月、9月の入居希望者が多くなる時期に合わせることができれば、戸建賃貸の家賃を強気に設定することも可能になる。

戸建賃貸のデメリット③

資産規模によっては十分な相続対策にならない

戸建賃貸は、相続対策を目的とする場合、その資産規模によって十分な相続対策にならないことがある。

なぜ、十分な相続対策にならないのかと言うと、戸建そのものへの投資額がアパ・マンに比べると、非常に少なくすんでしまうからである。

投資額が少ないということは、借入れの額も少なくなり、建物の相続評価額と借入金の差額分がそれほど相続資産の圧縮につながらない。

だから、戸建賃貸は相続対策としての資産圧縮効果はそれほど期待できない。

ただし、その土地の上に貸家を建てた場合には、戸建賃貸であろうが、アパ・マンであろうが、貸家建付地の評価として土地の評価を2割程度下げることはできる。

戸建賃貸のデメリット④

商業地には不向き

戸建賃貸は規制の最もきつい低層住居専用地域などのエリアでも建築することができる。しかし、容積率が400%の商業地に、容積率が100%に満たない戸建賃貸を建てるのは非効率である。

また、商業地は主として商業施設を建築することを目的にした地域だから、カラオケボックスやゲームセンターの近くに戸建賃貸があるのは、あまり好ましいとは言えない。

さらに、商業地の場合、ほとんどが防火地域に指定されているから、そのままの戸建仕様では防火基準を満たすことができない。もし、防火仕様にするとなれば、コストアップにつながり、収益を圧迫する要因にもなるのである。

商業地なら、無理矢理、戸建賃貸を建てなくても、もっと効率のよい企画を検討したほうがその土地を最大限活かすことができることが多いはずだ。

戸建賃貸のデメリット⑤

土地から購入して建てるには向かない

戸建賃貸は、もともと土地を持っている人が建てる場合や、中古で購入するときにこそ最大の投資効果を発揮する。

だから、土地から購入して新築する投資には残念ながら不向きだろう。

たとえば、坪30万円の土地を20坪購入し、戸建賃貸を1000万円で建築するとしよう。

これを月10万円で貸すとすると、

投資コスト　20坪×30万円＋1000万円＝1600万円
家賃　月10万円×12か月＝年間収入120万円
投資利回り　120万円÷1600万円＝7・5％

このように、投資利回りは、わずか7・5％しか取れない。ここでは、購入に関わる経費などは考慮していないから、もっと利回りは悪くなるはずだ。

しかも、戸建賃貸は、基本的に入居者が０％か１００％かなので、空室時のリスクが大きい。

確かに、最初から戸建賃貸をルームシェアとして運営すれば、10％以上の利回りは得られるだろう。しかし、ルームシェアの手間の割に10％そこそこの利回りでは割が合わない。

もし、１６００万円も投資できるのであれば、中古の戸建賃貸を探したほうが賢い選択と言える。

戸建賃貸のデメリット⑥

敷地に余裕がなくなる

戸建賃貸の魅力は、狭い敷地でも、20坪程度もあれば建築できてしまうことである。

しかし、狭い敷地でも、建築が可能になるがゆえに日照が悪くなり、空地にも余裕がなくなるというデメリットが生じることがある。

たとえば、70坪くらいの敷地があれば、最高3棟の戸建賃貸を建築することができるが、お互いの建物は接近し合い、敷地に余裕がなくなってしまう。

70坪の敷地に3棟の戸建を建築する場合は、それぞれの建物が建築基準法上の規制に基づいて成り立つよう、敷地を3分割して計画しなければならない。

もともと、そう広くない敷地をさらに3分割してお互いの建物を建築基準法に合致させようとするのだから、多かれ少なかれムリが生じるものなのである。

たとえば、日照が悪くなったり、隣家からの目線が気になってしまう配置になってしまう場合もあるわけだ。

その場合、建築基準法上の採光を確保するために、最悪トップライト（天窓）をつけなければならないこともある。

また、敷地に余裕がないと、隣地との各種斜線制限などによって屋根の形状が変わってくることもある。

もし、そうなれば、設計変更を余儀なくされ、その変更にともなう余計なコストもかかってしまうことになる。

投資効率を優先すれば、どこかにムリが生じてしまうのはいたしかたないとは思うが、もし将来的に売却をすることも想定しているのであれば、分譲戸建として販売できるだけの空地などは必要になると思う。

投資効率を優先させるか、売却による換金性を優先するかは、戸建賃貸を建てる場合には十分検討しなければならない。

第7章

誰にも知られたくなかった！
全国戸建賃貸オーナーの告白

ここまでお読みいただいたあなたであれば、もう戸建賃貸の魅力は十分わかったことだろう。

しかし、戸建賃貸は、まだまだ投資の対象としてはマイナーな存在。賃貸市場に出ている情報も住み替えのために市場に出てきているにすぎない。

そのため、いざあなたが「戸建賃貸のオーナーになろう」と決めたとしても、その事例が少ないため、初めの一歩を躊躇されることもあるだろう。

そこで、ここからは、早くから戸建賃貸の魅力に気づき、戸建賃貸のカリスマオーナーとなった5人の投資実践を紹介していこう。

戸建賃貸3棟の申込倍率がなんと2・6倍！

本田金治オーナー〈仮名〉（埼玉県さいたま市）

本田さんは、**埼玉県さいたま市のターミナル駅から徒歩20分**の立地に76坪の土地を所有している。

この土地に、2006年3月、戸建賃貸を3棟新築し、即満室を達成。しかも、募集3戸のところに入居申込みが8件！　**なんと2・6倍の申込倍率**になった。

いまの時代、即満室というだけでもすばらしいのに、申込倍率が2・6倍というのは驚異としか言いようがない。また、地域の家賃としては最高レベルの家賃を取ることもでき、**15%を超える高利回り**を実現している。

本田「お申込みを多数いただきましたので、厳しく審査し、結果的に非常によい入居者と契約することができました」

浦田「たとえば、どのような方がいらっしゃいますか？」

本田「1人は士業の方、もうお2人は、一部上場企業にお勤めの方で、両方とも法人契約をさせていただいています」

浦田「やはり法人契約が多いようですね。ところで、本田さんがなぜ戸建賃貸を建てようと思ったのか、その経緯を教えていただけますか？」

本田「はい。もともとハウスメーカーや知り合いの工務店数社にプランニングをしてもらいました。企画は8つほど検討したのですが、どれもシックリくるものはありませんでした」

浦田「どの辺りがシックリこなかったのでしょう？」

本田「まずは、どれも同じようなプランニングだったということがあります。ファミリーやワンルームの違いはあっても、内容はどれも同じようなものでした。新築であれば、短期的には満室になっても、長期的に安定経営が続けられるという保証はありません。最初はどんなに仕様をよくしても、必ずその他大勢の競争に巻き込まれてしまいます。その点、戸建ならほとんど供給がなく、あったとしても築20年など古い物件しかありません。ですから、浦田さんから戸建賃貸の企画を聞いたときは「これはイケル！」と思いましたね。また、アパートやマンションはすでに飽和状態ですので、古くなってしまうと、満室はおろか家賃を維持するのも難しくなります。さらに、地元の不動産業者から、戸建賃貸はそもそも古い物件ばかりなのに、空いたらすぐ埋ってしまうという実態を聞くことができたのも大きかったですね。戸建賃貸がベストな企画だというのを確信することができました」

浦田「実際に、倍率2・6倍という結果が何よりの証拠ですね」

本田「そうですね。既存物件との差別化がうまく図れたのではないかと思っています」

浦田「差別化とは他に、戸建賃貸のメリットをどのようにお感じになっていますか？」

本田「そうですね。戸建賃貸ですと、入居者同士のコミュニティができやすいので、防犯につながると思います。実際、お子さんの歳も近いようなので、みなさん顔見知りになったようです」

浦田「なるほど、コミュニティができやすいというのは、私も気がつきませんでした」

本田「それと、今回建てた物件は賃貸ですが、賃貸に見えないのがいいと思います。実際、建築中に、**『これ分譲ですか？　ちょっと見せてください』**というご近所の方が何人もいたくらいです。賃貸に見えないというのは、何よりの差別化ですし、きっと入居者にも長く住んでいただけるのではないかと思っています」

戸建賃貸は、それ自体の供給が少ないので、入居者を容易に獲得しやすいという特徴がある。

戸建賃貸なら、本田さんのように入居希望者をじっくり審査して、内容のよい入居者だけに貸すということも十分可能。戸建賃貸は、いままさに狙い目の市場なのである。

写真3●埼玉県さいたま市・本田さんの戸建賃貸

戸建1棟から〝サラリーマン大家さん〟をスタート

村上宏オーナー〈仮名〉（宮城県塩釜市）

村上さんは、定年を目前に控えた現役サラリーマン。

定年後の生活設計の一環として、不動産投資を始める人は多いが、村上さんの場合は、その投資対象が戸建であったところが他のサラリーマン大家さんと大きく異なる。

浦田「なぜ、戸建に投資なさろうとお考えになったのですか？」

村上「いままで蓄えた余裕資金が1000万円ほどあったのですが、まずこの手持ち資金の範囲内で投資を行うこと、そして物件は競売で入手することを考えました」

浦田「競売ですか？」

村上「はい。実は戸建を購入する前に、駐車場用地を競売で安く手に入れることができまして、それをきっかけに競売に目を向けるようになったんです」

浦田「なるほど」

村上「競売ですと、基本的に資金力が必要になりますので、銀行ローンをアテにしながら競売に参加することはできません。そうなると、アパートなどの大きな物件は入札の対象からは外れます」

浦田「それで戸建になったわけですね」

村上「そうです。自己資金の範囲内で投資できる対象としては、他にマンション1室という選択肢もあったのですが、建替えなど後々のことを考えると難しい。そこで戸建になったというわけです」

浦田「戸建を競売で落札して賃貸に回そうと考える人はほとんどいませんから、いいところに目をつけられたのですね。実際にどのような物件をいくらで落札されたのですか？」

村上「最寄り駅から徒歩15分、土地が129坪、建物は約38坪、この物件は380万円で落札しました。ただ、築30年経過し老朽化が著しかったので、217万円かけて内外装をリフォームしました。合計投資額は597万円になります」

浦田「それにしても安いですね」

村上「はい、相場を見ると、このまま1000万円以上で売

写真4●宮城県塩釜市・村上さんの戸建賃貸

却可能ですから、それを元手に大きな物件の購入費に当てることもできますよ」

浦田「戸建賃貸のメリットを十分活かしているようですね。ところで、リフォーム後、家賃はいくらで貸していますか？」

村上「現在、月6万5000円で貸しています。**利回りは13・1%**になります。本当は相場が8万円くらいですから、時間をかければもっと高く貸すことができたと思います。でも、リフォーム費用もそこそこかけていますし、仕事も忙しく、検討のための時間も取れなかったので、今回は家賃よりもまず入居者を決めることを優先しました」

老後の安定収入確保のために、不動産投資を行うサラリーマンは今後も多くなるだろう。しかし、いきなり身の丈に合わない投資をしてしまうのではなく、村上さんのように、まずは自己資金の範囲内で投資を行えば、リスクは最小で着実にステップアップできる。借入れによる過大なレバレッジをかけて投資を行うのではなく、少ない資金でも、その効果を最大限活かせるのが戸建賃貸の魅力なのだ。

なんと利回り70％超を含め2棟の戸建賃貸を所有
加藤ひろゆきオーナー（北海道札幌市）

最近の不動産ブームによって、高利回りが期待できる札幌市の不動産投資に人気が集まった。

しかし、大量の本州マネーが札幌に流れ込み、次第に高利回りの物件が少なくなってきたという。

そんな中、札幌市近郊を中心に不動産投資を行っている加藤ひろゆきさんは、早くから戸建賃貸に目を向けた不動産投資家の１人である。

浦田「札幌の不動産価格も結構上がってきているようですね」

加藤「そうですね。現在アパートを6棟所有していますが、なかなか利回りの高い物件が仕入れられなくなってきたので、５００万円以下で購入できる物件を探していました。たまたま、自宅の近くに安い中古の戸建が３８０万円で売りに出ていたので、これは安いと思い購入しました」

浦田「その物件は、どんな物件だったのですか？」
加藤「北海道北広島市内の物件で、土地は70坪、建物は延べ36坪の4ＬＤＫの物件で築19年でした。現在の家賃が7万5０００円ですので、そのままであれば利回りも23・68％でしたが……。でも、結構、状態が悪く、内外装のリフォームに120万円ほどかけました。ですから、トータル500万円の投資ですね。それを現在7万5０００円で貸していますので、**利回りは18％**になります」
浦田「ずいぶん、家賃が安いような気がしますが……」
加藤「当初は、月8万8０００円で募集していたのですが、3か月間、入居者が決まらなかったので、7万5０００円に下げたという経緯があります。でも、その後、7人の入居希望者を断っているんですね。5人目の方には、9万円で貸してく

写真5-1 ●札幌市・加藤さん「北広島市」の戸建賃貸

・加藤さんのブログ「利回り30％超えのApartment を入手スル方法！」
http://plaza.rakuten.co.jp/investor101/

れないかという法人もいましたので、もう少し、タイミングや募集戦略を考えればよかったなと。でも、戸建の需要というのは結構あるんだなというのは確信できましたね。あと、この物件の購入の際に、国民生活金融公庫に融資の申込みに行ったんですが、なんと国民生活金融公庫の評価額が800万円もあったんです。リフォームもして価値を高めていますので、おそらく1000万円では売却可能だと思います。でも売りませんが（笑）」

浦田「リフォームによって価値を高める努力も必要なんですね。2棟目の物件はどのような物件ですか？」

加藤「2棟目は、小樽市内の物件で、250万円で売りに出ていました。実はこの物件は、売り土地情報で探した物件です。土地が70坪、建物は約30坪の物件です」

浦田「なるほど、売り土地、古家付きなら、建物の値段はタダどころか解体費用分を値引き交渉に使える可能性が

写真5-2 ●札幌市・加藤さん「小樽市」の戸建賃貸

ありますね」

加藤「実際には、相続が発生していて、現金で相続人の間で分割するために売りに出てきた物件でした。築34年でしたが、外装の状態がよく、見た目は550万円くらいに見えました。実は、家の中に残留物が多く、その処分費用が結構かかりそうだったので、それを交渉材料にして**55万円で購入**することができました」

浦田「それにしても、55万円とは安いですね」

加藤「そうですね。正直ラッキーだったと思います。残留物の処分費が7万5000円と内装リフォームに20万円をかけました。投資額はトータル82万5000万円。これを現在5万円で貸していますから、**利回りは72・7%**になります」

浦田「72・7%とはすごいですね！」

加藤「そうですね。リフォームなしに貸すことができれば、表面利回り109・09%でしたが、それでも私の利回り最高記録の更新です。もし売る場合は500万円では売れると思います」

加藤さんは、自ら物件に労働力を投入し、常に物件の価値が上がるように努力をしている。単に安く仕入れるだけではなく、このような加藤さんのたゆまない努力も含み益のアップに貢献しているのだろう。

特に、加藤さんの売り土地（古家付き）の物件情報に目を光らせるのは必見。

ぜひ、あなたも売り土地情報をウォッチしてみよう。建物がタダでついてくる、そんなお宝に出会えるかもしれない。

ルームシェアで利回り46％！　当社のコンサルタント大家さん　谷本シンオーナー（千葉県船橋市）

次に、当社のコンサルタントである谷本シンさんの投資例を紹介しよう。

谷本さんは、３ＤＫの中古の戸建を４５０万円で購入し、**46％の利回り**をたたき出している。

物件の場所は、千葉県船橋市の郊外。東武野田線馬込沢駅から徒歩15分ほど歩いた、立地的にまったく魅力のなさそうな場所にある。また、お世辞にもきれいとは言えない古い物件だ。

それでも、46％という高利回りで運用できる秘密は何だったのだろうか？

実は、その秘密は、「ルームシェア」にあったのだ。

浦田「なぜ、戸建を購入しようと考えたんですか？」

谷本「実は以前、ある一軒家のルームシェアに1か月入居するという機会がありました。その物件は都内の築40年のボロ家だったのですが、4部屋に5人で住んでいて1人4万～5万円の家賃を払っていたんです。トータルにすると、月20万円ですね」

浦田「もし、その家を1世帯に貸すとしたら、どのくらいで貸せると思いました？」

谷本「そうですね。絶対に10万円では貸せないでしょう。でも、ルームシェアだったら相場の2倍以上で貸せますから、これはイケル！　と思いましたね。実際、自己資金もそんなになかったので、1000万円以下の中古の戸建を探すことにしたんです。中古の戸建と言っても、東京都下ですと、1000万円以上の物件ばかりでした。でも、ある日たまたま船橋市内で650万円の物件を見つけました。早速、業者と一緒に物件を見に行ったところ、その場で550万円にすると言われたんです。でも、自己資金が450万円しかないということを伝えると、なんとその指値が通ってしまいました」

浦田「それは幸運でしたね。でも、お世辞にも立地はいいとは言えない物件だと思うんですが、その辺は不安ではなかったのですか？」

谷本「はい。金額が金額でしたし、もし借り手がいなければ自分で住めばいいという軽い気持ちもありました。肩肘張らない金額だったので、逆にそれがよかったのかもしれません」

このように谷本さんは、この物件を購入したとき、「もし入居者が見つからなければ自分で住もう」という程度の軽い気持ちで入居者の募集を開始した。募集は、インターネットのルームシェア掲示板で募集し、募集を開始してから2、3か月の間にシェアメイトが2名決まった。

家賃は1室5万円。近隣に家賃5万円のワンルームなんてものはないのでかなり高いほうだろう。これで月10万円。この時点で**利回り26%**になった。

谷本「残りの1室には自分が住むことにしました。いままで4万円でワンルームを借りていましたから、その分キャッシュフローを増やすことができました」

写真6●千葉県船橋市・谷本さんの戸建賃貸

谷本さんのブログ「Enjoy! ルームシェア」
http://tinyurl.com/hdrks

次に、谷本さんは、自分の住んでいる部屋をドミトリー（2段ベッドなどを置いて1室を複数の人でシェアすること）にして、シェアメイトを募集し始めた。

するとと驚いたことに、3万5000円で借りたいという人がすぐに見つかったというのだ。

この希望者は、個人の運送業を営んでおり、東京方面に配達にきたときに泊まるところを探していた矢先に、この物件が目に留まったという。

運よく駐車スペースを月5000円で貸し出すこともでき、この時点（月14万円）で**利回り37%**になったわけだ。さらに……、

谷本「しばらくして1室を5万円で借りていた人が引っ越すことになったのをきっかけに、空いた部屋に2段ベッドを置いて、2人に貸そうと考えました」

浦田「なるほど、1人に貸せば5万円だけど、2人に貸せば、3万5000円×2で7万円だから、2万円の収益アップになるわけですね」

当時、私はそう言いながらも、「ドミトリーで借りたい人なんかそうそう見つかるもんか」とたかをくくっていた。

しかし、なんと、定員2人のところに3人の入居希望者が名乗りをあげたのだ。

普通なら1名はお断りしなければならない場面だが、何を考えたか谷本さんは、3人にOKを出してしまった。1室に2段ベッドを置いて2人シェアするところに3人の入居者？ どう考えても計算が合わない。

すると、谷本さんがある日、私にこう告白した。

谷本「僕、押入れに住むことにしたッス」

浦田「はァ？ 押入れ？」

古今東西、押入れに住むコンサルタントなんて、聞いたことがない。

実は、いままで彼自身が使っていた2段ベッドを新しいシェア希望者に貸し、自分は押入れに住んでしまったのだ。

こうして、この戸建賃貸（月19万5０００円）の**利回りは52％**になってしまったわけだ。

正直なところ、彼の物件は、都心でもないし駅に近いわけでもない。さらにはっきり言って物件も古いのに、ルームシェアならこんなにも稼ぐことができるのか、と私自身も驚いてしまった。

利回りが52％ということは、彼が投資した450万円を正味2年で回収することができる。

つまり、彼の年収は、いきなり200万円以上のアップ。

手取り200万円と言うと、5000万円程度のアパートをフルローンで購入したときとほぼ手取り額は同じになる。

それを彼は、わずか450万円の投資で実現してしまったのだ。

従来の常識だと、450万円で買えるものといったら、中古のしかも築年数の相当古いワンルームぐらいしかない。家賃もせいぜい4～5万円がいいところだ。

仮に、ローンを組んで1500万円くらいのワンルームを買ったとしても、手取りは月5万円程度しか得られない。

自己資金もないのに、サラリーマンという「担保」を利用して、フルローンでアパートを買うのもいいが、中古の戸建賃貸なら、ムリにレバレッジを利かせなくても十分な利益を稼ぐことができる。

そのほうが、枕を高くして眠れるだろうし、奥さんを保証人に仕立て銀行の生贄にする必要もない。

このように、投資のよし悪しとは、資産の規模ではなく、**正味のリターン**で計るべきなのである。

戸建賃貸５棟を新築し即満室を達成！
饒《にぎ》田《た》伊佐夫オーナー（埼玉県熊谷市）

「とうとう土地を手放したのか。近所の人は戸建業者が分譲住宅を作っていると思っていたようです」

饒田さんは、さいたま市の本田さんに続いて、私が直接戸建賃貸を施工させていただいた大家さんだ。

饒田さんが戸建賃貸を建て始めたとき、近所の人たちはまさかこれを貸すとは考えもしていなかったという。

それはムリもない。

饒田さんの土地はＪＲ熊谷駅から徒歩20分。辺りは田畑が点在し、築15年前後の長期空室を抱えたアパートが多く、お世辞にも立地がいいとは言えない。このような立地に戸建を建てるのだから、ご近所の方々の反応も当然と言える。

しかし、饒田さんは、このような場所でも、戸建賃貸を5棟新築し、**12%の利回り**を達成しているのだ。

浦田「熊谷には、戸建賃貸はなかったんですか?」

饒田「ほとんどありません。私が戸建賃貸を建てようと思ったのも、実は何社からもアパートの提案を受けていたんですが、どれもシックリこなかったんです。仕様をよくすれば利回りが悪くなる。仮に仕様をよくしても、どんどん次から次へとグレードの高いアパートが周りにできてしまい、ますます競争は激化します。現に、熊谷では、築5、6年をすぎると、空室が目立ってくるのが普通です。そんな中で、この戸建賃貸の発想は、従来のアパートなどとは大きく差別化が図れるので、「イケル!」と自信が持てましたね。しかも、近所の人に分譲と間違われるほどのクオリティですから、万一のときは売ることもできます。1棟1000万円というローコストで作っていますから、含み益もありますので、安心して経営をすることができます」

浦田「募集後も大反響でしたね」

饒田「はい。実質、**わずか3日で満室**になりました。5棟募集して内見者は8人だったので、成約率は6割を超えています」

浦田「それはすごいですね。通常は3割程度ですから、倍以上の成約率ですね」

饒田「はい。実は満室になってからも4、5人断っていますから、戸建賃貸の反響の高さに私も驚いています」

浦田「募集は何か特別な工夫をしたんですか？」

饒田「やはり、戸建賃貸自体の供給が少ないので、不動産業者回りは徹底しました。すると、法人契約に強い不動産業者がいまして、転勤者をかなり紹介してくれました。実際、5棟中4つが法人契約です」

浦田「戸建賃貸は法人の需要がかなり高いと言えますね」

饒田「そうですね。戸建賃貸は法人契約に強い不動産業を見つけるのが1つのポイントになると思います。法人に強いかどうかは、業者に直接聞けばわかります。また、戸建は既存のアパートやマンションと競合しませんので、独自の市場を形成することができます。もちろん、

写真7●埼玉県熊谷市・饒田さんの戸建賃貸

最初は、供給自体がほとんどなかったので不安でした。でも、自分が住みたい！と思ったのがこの戸建賃貸ですから、その直感を信じて正解です」

浦田「管理はどうされているのですか？」

饒田「隣に住んでいますので、最初は、自分で掃除をしたり、いろいろ手を加えようと思っていたのですが、戸建はまったく管理の手間がかかりませんね。掃除は入居者が自分でやってくれるんです。当初は、私自身、意気込んでいただけに、少々気が抜けてしまいました。でも、入居者にはとても喜んでいただいています」

浦田「それは、持家感覚で住んでいただけている、何よりの証拠ですね」

饒田さんのように、どんなにすばらしいアパートを計画しても、なにかシックリこない、モヤモヤが残ってしまう大家さんは多いと思う。

「自分が住みたいものを作る」

この原点に立ち戻れば、きっと不動産が「稼動産」になる最善のプランニングが見つかることだろう。

第8章

戸建賃貸だからできる円満相続の手続き

――相続の基礎知識はこれで万全!

最後にアパ・マン経営をするにあたって切っても切れない、「相続問題」について触れておこう。

戸建賃貸は、相続対策上、最も優れた対策方法の1つだと言えるのだが、そのメリットも正しく相続の知識を知ったうえで享受できる。

ここでは、近い将来、もしあなたが相続対策をする必要があったり、あなたが大家さんに土地活用の提案をする立場にある人なら、必ず知っておいてほしい知識をわかりやすくまとめているので参考にしてほしい。

これまでの相続対策では「資産」が「死産」になる!?

もともとの資産家がアパ・マン経営を始める理由はさまざまだ。

もっとも、空いた土地があるので、なんとか有効活用したいという人もいるが、その理由が相続対策も兼ねているというケースは結構多い。

なぜ、アパ・マンが相続対策に向いているのかと言うと、建物の評価額と借入金の差が資産の圧縮につながり、土地も貸家建付地として20%近く評価を下げることができるからである。

しかし、アパ・マンを利用した相続対策をしても、完全な相続対策にはならない。

なぜなら、相続対策には、本来、**「資産圧縮対策」**の他にも、**「分割対策」「納税資金対策」**の3つの対策が必要になるからである。

相続対策のアドバイスを行う人は山ほどいると思うが、正しく相続対策を理解し、この3つの対策をアドバイスする人はほとんどいない。これには本当に驚かされる。

特に「分割対策」を講じていない場合は危険だ。なぜなら、相続の際に相続資産を「共有」にしてしまうことが多いからである。

なぜ「共有」で相続するといけないのか？

考えてもみてほしい。たとえば、兄弟が3人いて1棟のマンションを相続したが、空室が目立ってきてリフォームを検討することにしたとしよう。

長男の意見は、お金をかけてリフォーム。次男の意見は新たに建替え。そして長女はリフォームは賛成だけど、自分はお金の負担はしたくない、とたいていの場合、意見はバラバラになる。

このように、兄弟の意見がまとまらなければ、リフォームすらできない。

あーだ、こーだ、兄弟間で揉めているうちに、ますます空室は拡大し、損失はどんどん拡大していくばかりなのである。

では、アパ・マンを「区分所有」にして相続すればいいのかと言うと、これもダメだ。なぜなら、区分所有であろうが共有であろうが、1棟の建物を数人でシェアしているという意味は同じことだからだ。

土地を相続する場合にも、同じことが言える。土地を共有で相続してしまうと、その土地の有効活用は難しくなる。

私の数ある企画相談の中でも、共有名義の土地の有効活用は一向に先に進んだことがない。だから、共有だけは絶対に避けなければならない。

このように、「分割対策」を考えると、アパ・マンは分割しやすい形態ではないが、戸建賃貸なら、兄弟仲良く1棟ずつ分割することができる。

前にも話したように、兄弟が1棟ずつ相続すれば、自分で住むなり、貸すなり、売るのだって相続人は自由にできるのだ。

このように、戸建賃貸は、これまでのアパ・マンの相続対策では実現しにくかった、「分割対策」という点でも極めて優れた利点があるのである。

相続対策をしても相続税がゼロになるわけではない

土地を多く所有する資産家が相続対策をするうえで、アパートやマンションを建設して相続税評価額を下げるといった手法はとてもポピュラーな手法である。

しかし、この手法は、相続税評価額を下げるだけであって、相続税がまるっきりゼロになるかと言うと、そうならないことのほうが多い。

アパ・マンを建てた時点で万全だという雰囲気があるように思うが、実際にはそうではない。

いざ、相続が発生して納税資金がなければ、せっかく利益を生んでくれているアパートなどの資産を手放すこともあり得るから、同時に「納税資金対策」も講じておかなければならないのである。

納税資金を調達しようにも土地は二束三文

もし、相続税を支払わなくなった場合は、「金銭一括納付」が原則である。現金があるのに、「延納」や「物納」は認められない。

まず、金銭一括納付ができない場合は、「延納」ができるかどうかを検討する。「延納」でも、相続税を支払うことができない場合に「物納」が認められる。

だから、基本的にいくら土地を納税用として残していたとしても、まずは金銭一括納付が原則になるので、その土地を売却した現金で納税しなければならないといったケースが出てくるのだ。

しかし、納税用として管理していた土地は、利用価値、評価ともに低いことが多い。さらに、ある程度まとまった広い土地であることもある。

そういった土地の買い手として考えられるのは、住宅デベロッパーだ。

彼らの商売は土地を安く仕入れ、建物という付加価値をつけて販売することである。そのため、土地をいかに安く仕入れるかが彼らの儲けを大きく左右する。

相続が起こったとき、**相続人は10か月以内に納税しなければならない**から、買主をゆっくり探す時間はない。

そこへ、住宅デベロッパーが潤沢な資金力を持って土地を買いにくれば、背に腹は代えられず、二束三文で売ってしまうといったことも多かったわけだ。

戸建賃貸は「一石三鳥」の相続対策

その点、戸建賃貸なら土地を二束三文どころか、高く売却し、納税資金を確保することができる。

第４章でも解説したが、ローコストで売れる戸建賃貸を建てれば、２割ほど高く土地を売ることができる。

アパートと違って購入の対象者が投資家ではなく、エンドユーザーであることも、高く売却できる理由の１つである。

当然、戸建賃貸は、相続が発生してから新築していたのでは間に合わないから、生前に戸建賃貸を建築し、それを賃貸しておくことになる。

戸建賃貸なら、立地がハンデにならないから、多少立地が悪くても、十分な運用益が見込めるだろう。戸建賃貸なら、土地は貸家建付地の評価になるので、資産の圧縮対策にもつながる。

さらに、更地だと、売却する場合や物納する場合も、基本的にすべての土地を手放さなければならないが、戸建賃貸なら必要な戸数だけ売ればいい。

つまり、土地資産の減少を最小限に抑えることができるというメリットもある。

このように、戸建賃貸は、相続対策上、一石二鳥どころか三鳥にも四鳥にもなる究極の相続対策手法なのである。

戸建賃貸は3つの対策〝圧縮・分割・納税〟が網羅された相続対策の特効薬

本来、戸建賃貸についての本の中で、なぜ、相続対策に触れてきたかと言うと、戸建賃貸は、入居者や大家さんだけにとどまらず、**相続対策を目的に賃貸経営を始める資産家にとって極めてメリットのある土地活用の手法**だからである。

特に、圧縮、分割、納税という3つの相続対策をすべてカバーできる方法をいまのところ、私は戸建賃貸以外に知らない。

さらに、高利回り、安定入居が確保できるとなれば、これほどすばらしい資産活用方法はない。まさに、戸建賃貸はこれからの時代に合った土地活用手法だということがおわかりいただけたと思う。

何度も言うが、アパ・マン経営と相続対策とは切っても切れない関係にある。

ムダな税金を納めないように、また、家族仲よく相続財産を分けられるようにするためにも、相続税の基礎を学んでおく意味は大きい。

そこで、ここからは、最低限学んでおくべき相続税の基礎知識について解説しよう。

これさえ押さえておけば、もしものときも安心だ。

また、もしあなたが、不動産コンサルタントなどの職業についているのであれば、クライアントさんに十分で的確な相続アドバイスを行うことができるようになるだろう。

相続税の基礎知識①

相続税はいつまでに申告するの？

まず、相続税の申告時期から解説していこう。

相続の申告期限は、**遺産を引き継ぐ相続人が死亡をしたことを知った日から10か月以内**である。

申告の時期は10か月以内だが、この期間内に行わなくてはいけないことが結構ある。

まず、被相続人の死亡後**3か月以内**に行うべきことは次のとおりである。

■相続開始3か月以内にすべきこと

- 死亡届の提出（死亡後7日以内）
- 葬儀費用の領収書類の保管・整理（香典返しは葬式費用に含まれない）
- 遺言書の有無の確認（もし遺言書があれば、開封せずに家庭裁判所で検認を受ける）
- 相続人の確認
- 遺産、債務状況の確認

・家庭裁判所へ相続の放棄または限定承認の申立て

わずか3か月の間に、こんなにもやらなくてはいけないことがある。そうそう先代の死を悲しんでもいられないのが資産家の辛いところだ。

さて、「相続放棄」と「限定承認」を行う場合は、必ずこの3か月以内に行わなくてはいけないので必ず押さえておこう。

「相続放棄」とは、借金も財産も一切相続しないという方法である。

特に大きな借金しか相続資産として残っていない場合は、3か月以内に家庭裁判所で相続放棄の申立てをすれば、借金を返す必要がなくなる。

当然、相続を一切放棄するのだから、財産をもらうことはできない。

一方、**「限定承認」とは、被相続人の財産の範囲内で借金を相続する方法**である。

つまり、相続後に借金のほうが多かったということがわかった場合でも、この「限定承認」をしていれば、相続財産の範囲内で借金を返せばいいということになるのだ。

たとえば、1億円の財産を相続したが、相続後に2億円の借金があることが判明した場合、限定承認をしていれば、差し引き1億円の借金の返済を免れることができるのである。

こちらも「相続放棄」同様、その申立ては、相続の開始があったことを知った日から3か月以内に家庭裁判所に申し立てなければならない。

ここで重要になるのは、**「相続放棄」は相続人1人でもできるが、「限定承認」は相続人全員で申請しなければならない**ので注意が必要である。


さて、3か月以内にやるべきことが終わったら、次に相続開始から**4か月以内**に被相続人の所得税の申告と納付を行う（「準確定申告」と言う）。

■相続開始4か月以内にすべきこと

・被相続人の準確定申告

相続人の準確定申告が終わったら、10か月以内に具体的な遺産分割の協議と相続税の申告書を作成することになる。

■相続開始10か月以内にすべきこと

・遺産の評価、鑑定
・遺産分割協議書の作成（相続人全員の署名、実印と印鑑証明が必要）
・相続税申告書の作成
・相続税の申告と納付（延納・物納の申請）

以上、相続税の申告期限10か月以内に行わなければならないことを解説したが、やるべきことが実に多いということがおわかりいただけたのではないだろうか。

そう考えると、この10か月という期間は、長いようでとても短い。

スムーズな相続を行ううえで、事前の準備と誰が何を相続するのかを決めておくのは、先代の重要な仕事であると言えるだろう。

図22●申告期限の10か月以内にすべきこと

期間	相続のスタート（死亡したことを知った日）
3か月（4か月・10か月）	・死亡届の提出（死亡後7日以内） ・葬儀費用の領収書類の保管・整理（香典返しは葬式費用に含まれない） ・遺言書の有無の確認（あれば開封せずに家庭裁判所で検認を受ける） ・相続人の確認 ・遺産、債務状況の確認
3か月	・相続の放棄または限定承認の申立て期限（家庭裁判所へ）
4か月	・被相続人の所得税の申告と納付期限（準確定申告）
10か月	・遺産の評価、鑑定 ・遺産分割協議書の作成（相続人全員の署名、実印と印鑑証明が必要） ・相続税申告書の作成
10か月	・相続税の申告と納付（延納・物納の申請）
11か月目以降	・遺産の名義変更手続き（不動産登記、預貯金、有価証券等）

相続税の基礎知識②

遺産は誰がどれだけもらう権利があるの？

相続人は基本的に、家族などの身内になるのが普通だ。

しかし、家族や身内と言っても、誰でも相続人になれるということになるとキリがない。

そこで民法では、法定相続人を定め、相続人になれる範囲を決めている。また、それぞれどのくらいの資産を引き継ぐことができるか、その権利も定めている。

この法定相続人になれるのは、①夫や妻（被相続人の配偶者）、②子供（被相続人の子）、③親（被相続人の父母）、④兄弟姉妹（被相続人の兄弟姉妹）である。

この法定相続人には、相続できる順番と配分割合（法定相続分）も決まっている。

相続できる順番には、第1順位から第3順位までがあり、上位の順位者がいる場合、下位の順位者は相続人になることはできない。

ただし、配偶者は特別で、他の法定相続人がいようといまいと常に相続人になる。

優先順位は、**第1順位が子供（直系卑属）、第2順位が父母（直系尊属）、第3順位が兄**

弟姉妹となる。

たとえば、配偶者と子供がいる場合の法定相続人は、常に相続人の配偶者と第1順位の子供になるわけだ。もし、子供がすでに死亡していない場合でも孫がいる場合には、子供に代わって孫が相続人になる。これを**代襲相続**と言う。

なぜ、代襲相続が認められているのかと言うと、相続はもともと親から子へ、子から孫へと下へ財産を受け継いでいくのが自然だからである。

だから、子が死亡している場合には孫、孫が死亡している場合には曾孫へと、第1順位の代襲相続は無限に続く。

この場合、第2順位である父母と第3順位である兄弟姉妹に相続の権利はない。

子も孫もいない場合にのみ、第2順位である父母が相続の権利を得ることになる（父母がいない場合に、祖父母が相続の権利を得ることになる）。

さらに、父母もいない場合に第3順位の兄弟姉妹が相続の権利を得ることになるのである（第3順位の代襲相続は甥姪まで）。

次に、誰がどれだけもらう権利があるのか、その配分割合となる法定相続分について解説しよう。

なぜ、法定相続分が決められているのかと言うと、相続人が複数いる場合に、相続の割合を決めておかないと、必ず財産分割に不公平が生じ、争いに発展してしまうからである。

また、相続税額を計算するときにも、この法定相続分を使うことになる。

ただし、法定相続分は、必ずこのとおりに分割しなければならないかと言うとそうではなく、相続人同士の話合いによって自由に決めることができる。

法定相続分はややこしいようだが、次ページの図を見るとカンタンに理解できる。

まず、相続人が1人の場合には、財産全額を1人で相続することになる。

法定相続人が2人以上複数存在する場合は、誰が相続するのかによってその相続分が異なるので、民法で法定相続分を決めているが、大きく次の3つのパターンに分けることができる。

- 法定相続人が配偶者と「子」……配偶者が2分の1、子が2分の1
- 法定相続人が配偶者と「父母」……配偶者が3分の2、父母が3分の1
- 法定相続人が配偶者と「兄弟姉妹」……配偶者が4分の3、兄弟姉妹が4分の1

図23 ●法定相続人の範囲と第 1 ～第 3 順位

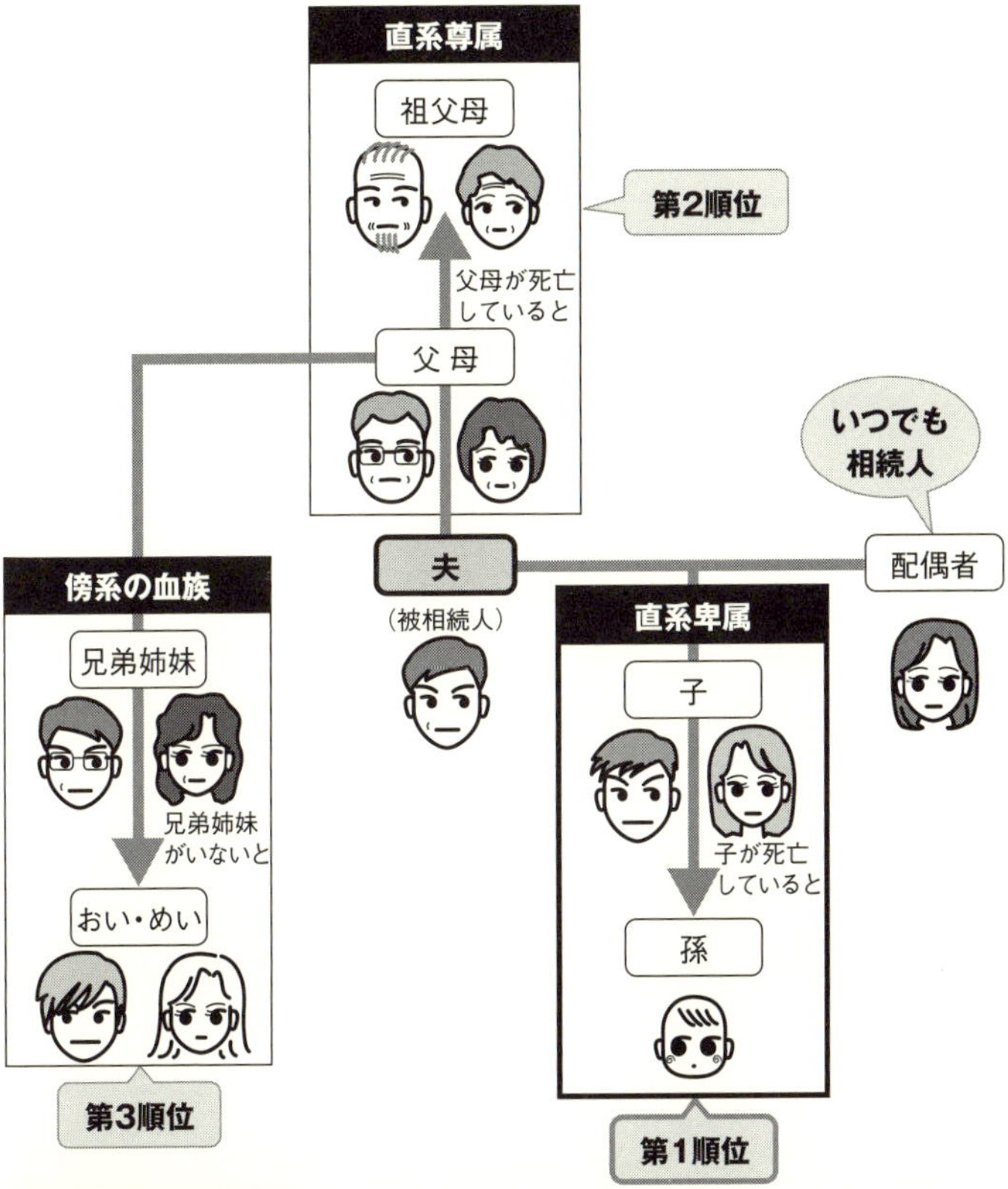

●法定相続人と相続分

	相続人	配偶者の相続分	血族の相続分
第1順位	子と配偶者	2分の1	2分の1
第2順位	直系尊属（父母）と配偶者のとき	3分の2	3分の1
第3順位	兄弟姉妹と配偶者のとき	4分の3	4分の1

基本的に、まずは配偶者の相続分を差し引き、その残りを同順位の法定相続人の人数で等分することになる。

たとえば、法定相続人が配偶者と第1順位の子が2人の場合、配偶者の相続分は、2分の1だから、子供2人は残りの2分の1を2人で分けることになる。つまり2分の1×2分の1で子供1人あたりの相続分は4分の1となるわけだ。

法定相続人が配偶者と第2順位の父母になると、配偶者の相続分は分母と分子にそれぞれ1を足した3分の2になる。父母の相続分は残りの3分の1だ。

もし、父母が2人いるのなら、この3分の1の相続分を2人で分けることになるから、父母1人当たりの相続分は3分の1×2分の1で6分の1になるのである。

同じように、法定相続人が配偶者と第3順位の兄弟姉妹になると、配偶者の相続分はさらに分母と分子に1を足して4分の3となり、兄弟姉妹の相続分は4分の1となる。

もし兄弟姉妹が複数いれば、この4分の1の相続分を人数分で等分したものが、兄弟1人当たりの相続分になるわけだ。

まとめると、配偶者と第1順位の子が法定相続人の場合、配偶者の相続分は2分の1になる。

配偶者以外の法定相続人が第2、第3順位になるたびに、配偶者の相続分の分母と分子に1を加えていけば、配偶者の相続分がわかる。そして残りが配偶者以外の相続分になるということなのである。

相続税の基礎知識③ ある一定の資産まで相続税はかからない

相続税は、すべての人にかかる税金ではなく、一定以上の財産を相続するときに発生する税金である。

一定以上の財産とは、だいたい土地、建物、預貯金、株などの合計財産が6000万円以上あれば相続税がかかってくる可能性がある。

なぜ、6000万円以上なのかと言うと、相続税には基礎控除というものがあり、基礎控除の範囲内であれば相続税は一切かからないし、申告の必要もないのである。

では、この基礎控除がいくらかと言うと、

5000万円＋（1000万円×法定相続人の数）

になる。

つまり、法定相続人が多ければ多いほど、基礎控除額が多くなるということになるのだ。たとえば、妻と子供1人の合計2人が法定相続人になる場合、その基礎控除額は5000万円＋1000万円×2人＝7000万円となる。

この場合、相続財産の合計が7000万円以下であれば、相続税を払う必要も申告する必要もない（配偶者の税額軽減、小規模宅地の特例などの特例を受けた結果、相続税を支払う必要がなくなる場合には申告が必要になるので注意）。

つまり、相続税とは、**相続財産から基礎控除分を差し引いた残りの資産にかかってくる税金**なのである。

相続税の基礎知識④

配偶者は税金が軽くなるって本当？「配偶者の税額軽減」

配偶者の税額軽減とは、**配偶者が法定相続分の範囲内または、1億6000万円までの相続財産までは、相続税がかからない**という制度である。

配偶者は、被相続人と一緒に生活してきて、「被相続人の財産形成に貢献していること」や「配偶者が亡くなったときに、もう一度相続が生じること」などから配偶者の税額を軽減するようにしているのだ。

この配偶者の税額軽減を適用すると、**配偶者が法定相続分以内の財産を相続する場合には相続税は「無税」**となり、仮に法定相続分を超えて相続しても**1億6000万円までなら無税**になる。

ただし、この特典を適用するには、**10か月の申告期限までに遺産分割を完了し、申告書を提出されている場合に限る**、という点に注意しなければならない（ただし、申告後3年以内であれば更正の請求ができる）。

さて、次に相続対策をするうえで、一番重要な**相続財産の評価の仕方**を解説しよう。

相続財産に占める財産のうち、その6割が土地建物などの不動産となっているから、この不動産の評価によって相続税が大きく変わってしまうと言っても過言ではない。

本来、相続財産の評価は、資産税に詳しい税理士に評価してもらうのがベストだ。

しかし、本書の目的は、1円単位で相続税額を計算することではなく、**毎年変わっていく財産をあなた自身が常に把握していくこと**にある。

そこでここからは、土地、建物の評価方法について解説していく。

評価の方法はいたってシンプルなので、この機会にぜひあなたの相続財産がいくらあるのか、本書を片手に実際に計算してみてほしい。

相続税の基礎知識⑤

財産はどうやって評価するの？（土地の場合）

土地の相続評価は、**「路線価×敷地面積」**で計算するのが基本だ。

「路線価」とは、道路に面している土地の相続税評価額を示すものであり、毎年、国税庁が8月頃に発表する。この路線価の評価は、概ね実勢価格の約8割となっている。路線価は、国税庁のホームページ（http://www.nta.go.jp/）で調べることができる。

実際の土地を評価する場合は、この路線価に「奥行補正率」や「間口狭小補正率」などの各種補正率を掛けていくが、おおよその相続評価額を知りたい場合には、単純に「路線価×敷地面積」で計算すればいいだろう。

また、路線価が定められていない地域の土地の場合には、「倍率方式」によって相続評価をする。

倍率方式の計算は、**固定資産税評価額×評価倍率**で評価される。評価倍率は、路線価と同じく国税庁のホームページで閲覧が可能だ。

さて、土地の評価は、その使用目的によって評価方法が違う。

代表的な使用目的には、①**自用地**、②**貸宅地**、③**貸家建付地**がある。

①**自用地**とは、自宅の用途などに使用している土地のことで、その評価の方法は路線価方式や倍率方式で求めた評価額そのものになる。また、駐車場などで使用している土地なども自用地となる。

自用地評価＝路線価×敷地面積

②**貸宅地**とは、人に貸している土地のことである。貸宅地のように人に貸している土地の場合には、借地権が発生し、地主が自由に処分できないという不便が生じてしまう分、その評価が下がる。

貸宅地の評価は、自用地としての評価から借地権割合を差し引いて計算することになる。この借地権割合は、路線価の横にアルファベットで表示されており、このアルファベットが示す「％」が借地権割合になる。

貸宅地評価＝路線価×敷地面積×（1－借地権割合）

たとえば、200㎡の土地があって、路線価が20万円、借地権割合が60％だったとすると、その貸宅地の評価は、20万円×200㎡×（1－60％）＝1600万円となるわけだ。ちなみに、借地の評価（借地権）をする場合には、路線価の評価を計算し、そのまま借地権割合を掛ければいい。

借地の評価（借地権）＝路線価×敷地面積×借地権割合

③**貸家建付地**とは、自己所有の土地にアパートやマンションを建ててそれを他人に貸したときの評価である。貸家建付地の計算方法は次のとおり。

貸家建付地評価＝路線価×敷地面積×（1－借地権割合×借家権割合×賃貸割合）

借地権割合は、国税局長が決めており、全国的に30％で統一されている。

「賃貸割合」とは、いわゆる入居率のことで、10部屋中9部屋が埋まっている場合、その賃貸割合は90％になる。

つまり、アパートやマンションを建てただけでは、貸家建付地の評価にはならず、**入居者がいて初めて評価が下がる**のである。

満室の場合、この貸家に利用されている土地の評価は約18％程度下がる。

相続対策として、アパ・マンを建てることが多いのも、貸家を建てると土地の評価を下げることができるからなのである。

図24●土地・建物の相続税評価一覧表

評価項目（財産の種類）			評価方法
土地	宅地	市街地にある宅地	路線価方式＝「路線価×敷地面積」を土地の位置や形状により補正した額
		路線価のない宅地	倍率方式＝固定資産税評価額×所定の倍率
	貸宅地（底地）	路線価×敷地面積×（1－借地権割合）	
	貸家建付地	路線価×敷地面積×（1－借地権割合×借家権割合×賃貸割合）	
土地の上に存する権利	借地権	路線価×敷地面積×借地権割合	
家屋	家屋	固定資産税評価額	
	貸家	固定資産税評価額×（1－借家権割合×賃貸割合）	

相続税の基礎知識⑥

「小規模宅地等の評価減の特例」で80％評価減になるってホント？

相続税法には、ある一定の条件を満たした小規模宅地には、**評価額が最大80％も下がる「小規模宅地等の評価減の特例」**がある。

なぜ、この特例があるかと言うと、被相続人が生活や事業の基盤としていた土地に対して高い評価をしてしまうと、その生活や事業を引き継ぐ相続人の生活基盤が崩れることになってしまう。そこで、そういった土地には大幅な評価減を認めているのだ。

この特例が適用できると、節税効果は非常に大きくなる。

ただし、重要なのは、この特例を適用するためには、配偶者の税額軽減と同様、相続税の申告期限内（**被相続人の死亡から10か月以内**）に遺産分割ができている場合に限る。

このことからも、いかに生前に分割対策が重要なのかということがおわかりいただけるだろう。

また、この特例は申告することが条件なので、申告しなければ一切評価を下げることはできない。

仮に、**この特例の適用によって相続税が0円になる場合でも、申告は必要になる**から、よくこの特例を理解し、生前にいろいろな対策を立てることが重要だ。

では、実際に、どのようなケースで「小規模宅地等の評価減の特例」が適用されるのか解説しよう。

「小規模宅地等」は次の4種類に分けられる。

①特定居住用宅地等
②特定事業用宅地等
③特定同族会社事業用宅地等
④その他の宅地

①特定居住用宅地等

「特定居住用宅地等」とは、被相続人または、被相続人と生計を一にしていた親族の居住用に使われていた宅地のことで、基本的に被相続人の配偶者または同居していた被相続人の親族が相続し居住を継続すれば、**240㎡まで80％の評価減**が受けられる。

②特定事業用宅地等（不動産貸付業を除く）

「特定事業用宅地等」とは、被相続人の事業用に使われていた宅地のことで、たとえば、店舗や工場の敷地として利用されていた土地である。この事業用宅地も、基本的に被相続人の事業をそのまま親族が引き継ぎかつその土地を相続または遺贈により取得した場合には、**400㎡まで80％の評価減**が受けられる。

③特定同族会社事業用宅地等（不動産貸付業を除く）

「特定同族会社事業用宅地等」は、事業を法人化し、被相続人の土地をその法人に賃貸している場合の宅地のことである。この場合も、②の「特定事業用宅地等」の場合と同じ要件を満たす場合は、**400㎡まで80％の評価減**が受けられる（ここで言う同族会社とは、持ち株比率が50％超の会社のこと）。

④その他の宅地

「その他の宅地」とは、いわゆる、アパ・マン、貸宅地、駐車場など、**不動産貸付用の宅地**のことである。この場合は、「その他の小規模宅地等の評価減」が適用され、**200㎡まで50％の評価減**を受けることができる。

図25●小規模宅地等の評価減の特例

宅地	範囲	坪数	評価	備考
居住用宅地	240m^2まで	約73坪	80%減	被相続人・親族が居住用として使用
事業用宅地	400m^2まで	約121坪	80%減	被相続人・親族が事業用として使用
その他の宅地（不動産用貸付用など）	200m^2まで	約60坪	50%減	賃貸アパート・マンション

ただし、ここでの宅地の要件は、**建物等の構造物が建っていること。また、駐車場の場合、アスファルト敷き、屋根等がないと、この特例は認められない。**

相続税の基礎知識⑦

財産はどうやって評価するの？（建物の場合）

建物の相続税評価額は、基本的に「固定資産税評価額」で評価される。

ただし、戸建や、アパート、マンションを他人に貸している場合には、その建物は**「貸家」**となり評価を下げることができる。

貸家の評価額＝固定資産税評価額×（1－借家権割合×賃貸割合）

貸家の評価の場合にも、貸家建付地の評価同様、借家権割合と賃貸割合を使って評価される。

ちなみに、建物が新築の場合には、新築価格の60％程度を固定資産税評価額として評価すればいいだろう。

たとえば、新築価格が1000万円の貸家の相続税評価額は、次のようになる（満室の場合）。

1000万円×60%×（1－30%×100%）＝420万円

つまり、**新築時より50%以上も評価を下げることができる**ことになる。

相続税の基礎知識⑧ 「カンタン相続税額算出法」を利用――対策前と対策後の比較

相続対策をするうえで、現状の相続税額がどのくらいになるのかを把握しておくことは重要である。

これをしないのは、医者が患者を診断しないで薬を処方するのと同じだ。相続対策にもまず健康診断が必要なのである。

しかし、実際の相続税の計算方法は少々複雑になっている。基本的には、次の3つのステップにより計算する。

①課税遺産総額を計算する

②法定相続分どおり相続したとして、相続税の合計額を計算する

③各相続人の相続税額を実際の配分に基づいて計算する

たとえば、6億円の課税遺産を配偶者と子2人の3人で相続した場合の計算は、次ページ図27のようになる。相続税の税率については、図26の「相続税の速算表」を活用してみよう。

このような実際の相続税の計算は、少々面倒である。

そこで、**「カンタン相続税額算出法」**を使って、相続税額の計算をする方法を紹介しよう。

この**「カンタン相続税額算出法」**は、計算式を利用せずに、255ページ図29の「相続税の早見表」を使って相続税額を導き出す方法である。

早見表を使うと、細かく計算する必要がないので、瞬時に間違いなく相続税額を把握することができるというメリットがある。

ところが、反面、早見表のほとんどが課税資産1億円以上で5000万円刻みの表示になっているので、中途半端な課税遺産額だと、正確な相続税額を計算することができないというデメリットもある。

図26 ●相続税の速算表

相続税の速算表（2003年度以降分）		
法定相続人の取得金額	税率（%）	控除額
0～1,000万円以下	10	0
1,000万超～3,000万円以下	15	50万円
3,000万超～5,000万円以下	20	200万円
5,000万超～1億円以下	30	700万円
1億超～3億円以下	40	1,700万円
3億円超	50	4,700万円

＜計算方法＞
1. （課税価額－基礎控除額）×各相続人の法定相続分＝各取得分の金額
2. 各取得分の金額×速算表の税率－速算表の控除額＝各相続人の法定相続分の相続税額
3. 各相続人の法定相続分の相続税額の合計額＝相続税の総額

図27 ●通常の3ステップ式計算法

課税遺産6億円
相続人：配偶者、子2人
（単位：千円）

ステップ1 課税遺産総額の計算

課税価額の合計 600,000 － 基礎控除額 80,000 → 課税遺産総額 520,000

→237ページ参照

ステップ2 法定相続分どおり相続したとして、相続税の合計額を計算する

課税遺産総額	法定相続分		税率→上記速算表参照		控除額		仮税額		相続税総額
520,000	母（1/2） 260,000	×	40%	－	17,000	＝	87,000	→	157,000
	子（1/4） 130,000	×	40%	－	17,000	＝	35,000		
	子（1/4） 130,000	×	40%	－	17,000	＝	35,000		

ステップ3 各相続人の相続税額を実際の配分に基づいて計算する

		実際の相続割合		相続税の総額		実納付税額
母の相続税額	＝	1/2	×	157,000	→	78,500
長男の相続税額	＝	1/4	×	157,000	→	39,250
次男の相続税額	＝	1/4	×	157,000	→	39,250

でも実際は……
→ **配偶者の税額軽減があるので、税額ゼロ！**

※配偶者の法定相続分1/2、もしくは1億6000万円まで

しかし、相続対策では1円単位の相続税額を把握する必要はまったくない。なぜなら、遺産の評価額は、毎年、また日一日と変化するものだからである。だから、相続対策を考えるうえでは、相続税の概算額を知れば十分なのである。

さて、実際の「カンタン相続税額算出法」は、次の3つのステップで計算する。各ステップを解説していこう。

■ステップ1　法定相続人の把握

法定相続人は何人いるのか、相続人の中に配偶者はいるかどうかを把握する。

■ステップ2　課税遺産総額を計算する

まず、243ページの「土地・建物の相続税評価一覧表」と247ページの「小規模宅地等の評価減の特例」を参考に、土地建物の遺産総額を計算する。

次に、現預金や株（時価）や受取り生命保険金などを足した総額から、法定相続人に対応する基礎控除額を差し引いて求める（受取り生命保険金がある場合には、さらに法定相続人1人当たり500万円の控除がある。272ページ参照）。

図28●「カンタン相続税額算出法」ワークシート

STEP1 **法定相続人の把握**

・家族構成は？
・法定相続人は何人？
・配偶者はいるか？

STEP2 **課税遺産総額の把握**

土地A	＝
土地B	＝
建物A	＝
建物B	＝
金融資産	＝
その他の資産	＝
借入金	＝
相続税評価額合計	＝

STEP3 **相続税額の計算（早見表）**→255ページ参照

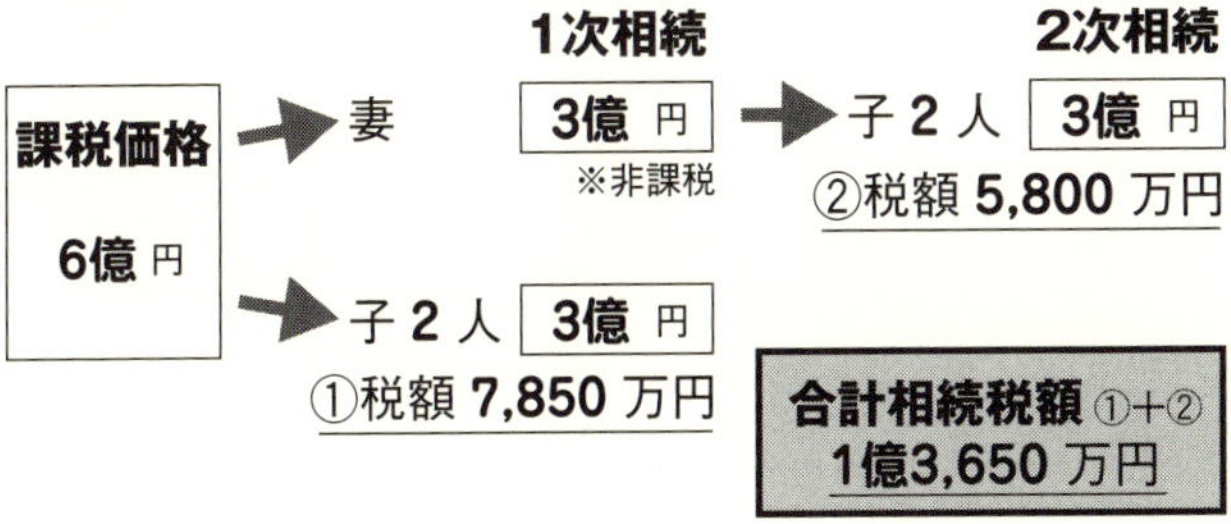

■ステップ3　早見表を使って相続税額を計算する

次ページの早見表には、「配偶者あり」の場合と「配偶者なし」の2つの表がある。それぞれ、課税遺産総額と相続人の数に対応する数字が相続税の総額となる。

この表では、原則として、法定相続人が法定相続分を相続した場合の税額となる。

また、配偶者がいる場合は、配偶者の税額軽減の法定相続分を考慮した場合の税額になっている。

たとえば、遺産総額が6億円で配偶者、子2人で相続する場合、早見表によると相続税の総額は7850万円になることがわかる。

このように早見表を使えば、たったの3ステップで誰でもカンタンに相続税額の試算ができる。

少々難しいのは、宅地や建物の評価になるが、基本的には小学生程度の計算式しか使わないので、慣れればカンタンに評価できるようになるだろう。

また、この計算方法がマスターできれば、相続対策前と対策後の相続税額の違いもカンタンに計算することができるようになる。

若干難しいのは、相続対策後の土地と建物の評価方法であるが、次のように計算式に沿って計算すればいい。

〈対策前〉

相続税評価額３億円の更地を所有。相続人が妻１人、子２人の場合、早見表によると想定される相続税額の合計は２３００万円。

〈対策後〉

この土地に、４億円をかけて賃貸マンションを新築。

すると、土地、建物の評価は、次のようになる（借地権割合60％、借家権割合は30％、賃貸割合は１００％とする）。

図29●相続税の早見表

相続税の早見表　（2003年1月1日現在）単位：万円								
遺産総額	配偶者がいる場合				配偶者がいない場合			
	子供1人	子供2人	子供3人	子供4人	子供1人	子供2人	子供3人	子供4人
10,000	175	100	50	0	600	350	200	100
15,000	600	462	350	287	2,000	1,200	900	700
20,000	1,250	950	812	675	3,900	2,500	1,800	1,450
25,000	2,000	1,575	1,375	1,237	5,900	4,000	3,000	2,400
30,000	2,900	2,300	2,000	1,800	7,900	5,800	4,500	3,500
35,000	3,900	3,175	2,750	2,500	9,900	7,800	6,000	5,000
40,000	4,900	4,050	3,525	3,250	12,300	9,800	7,700	6,500
45,000	5,900	4,925	4,400	4,000	14,800	11,800	9,700	8,000
50,000	6,900	5,850	5,275	4,750	17,300	13,800	11,700	9,600
60,000	8,900	7,850	7,025	6,500	22,300	17,800	15,700	13,600
70,000	11,050	9,900	8,825	8,250	27,300	22,100	19,700	17,600
80,000	13,550	12,150	11,075	10,250	32,300	27,100	23,700	21,600
90,000	16,050	14,400	13,325	12,250	37,300	32,100	27,670	25,600
100,000	18,550	16,650	15,575	14,500	42,300	37,100	31,900	29,600
110,000	21,050	18,900	17,825	16,750	47,300	42,100	36,900	33,600
120,000	23,550	21,150	20,075	19,000	52,300	47,100	41,900	37,600
130,000	26,050	23,450	22,325	21,250	57,300	52,100	46,900	41,700
140,000	28,550	25,950	24,575	23,500	62,300	57,100	51,900	46,700
150,000	31,050	28,450	26,825	25,750	67,300	62,100	56,900	51,700
200,000	43,550	40,950	38,350	37,000	92,300	87,100	81,900	76,700
300,000	68,550	65,950	63,350	60,750	142,300	137,100	131,900	126,700
400,000	93,550	90,950	88,350	85,750	192,300	187,100	181,900	176,700
500,000	118,550	115,950	113,350	110,750	242,300	237,100	231,900	226,700

※法定相続人が法定相続分により相続した場合の税額。
※配偶者がいる場合は、配偶者特別控除の法定相続分を利用した場合を想定。
※遺産総額は、基礎控除前の相続税の課税価額。

①貸家建付地の評価

3億円×（1－60％×30％×100％）＝2億4600万円

②賃貸マンションの相続税評価額

4億円×60％（固定資産評価割合）×（1－30％×100％）＝1億6800万円

③建築費の借入額

4億円

●相続税評価額

①＋②－③＝2億4600万円＋1億6800万円－4億円＝1400万円

このように、賃貸マンションを建てることによって、相続税評価額は1400万円になり、**基礎控除額8000万円以下になるので、相続税額は0円になる**わけだ。

これが賃貸マンションを活用した相続対策の仕組みなのである。

図30 ●アパ・マンで資産が圧縮できる理由

更地の評価

更地1500㎡×20万円

相続人　妻1人、子2人

・土地1500㎡
・路線価20万円
・相続税評価額3億円

この更地に4億円の賃貸マンションを建てた場合……

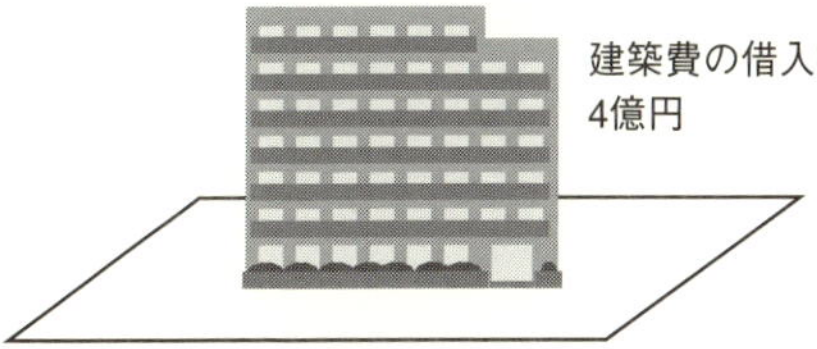

建築費の借入額
4億円

・借地権割合60%
・借家権割合30%
・現在満室

①貸家建付地の評価額

3億円 ×（1 − 60% × 30% × 100%）　＝ 2億4600万円

②賃貸マンションの相続税評価額

4億円 × 60% ×（1 − 30% × 100%）　＝ 1億6800万円

③建築費の借入額

▲ 4億円

④相続税評価額

① ＋② − ③ ＝ 1400万円

↓

**基礎控除額8000万円以下となり、
相続税額は0円となる！**

相続税の基礎知識⑨

2次相続対策を怠るな

ここまで相続税額の試算方法について解説してきたが、相続対策は2次相続まで試算して練らなければならない。

なぜなら、亡くなった被相続人と配偶者は、同年代であることがほとんどだし、近い将来、配偶者の相続が発生することになれば、せっかく、配偶者の税額軽減によって配偶者の相続税が免除されても、次の相続では相続税がしっかりかかってくることが多いからである。

しかし、2次相続の税額を試算するのは、255ページの早見表を使えばとてもカンタンである。

たとえば、配偶者の遺産が3億円で子が2人の場合、早見表の「配偶者なし」の表を見ると、相続税の総額は5800万円になることがわかる。

こうして1次、2次の相続税の合計額を計算し、これに対応する相続対策を練っていけばいいのである。

相続税の基礎知識⑩

遺産分割協議は必ず10か月以内にせよ

遺産分割はいつまでに行わなければならないか、というのは法律上決まっていない。

相続人同士、納得がいかなければ、いつまでも話合いを続けることができるのである。

しかし、**相続税の申告期限である10か月以内に遺産分割ができないと、「配偶者の税額軽減」と「小規模宅地等の評価減の特例」という2大特例が使えなくなる。**

そこで、遺産の分割対策を生前に立てておくことが重要になるわけだ。

ところで、相続人同士が遺産分割で揉めてしまうとどうなるか。

実務的には、相続税の申告期限までに分割ができないと、各相続人の税額が確定しないので納税ができない。

そこで、一般的には、いったん遺産を未分割のまま相続税の申告を行うことが多い。そして、申告後に弁護士などを入れて誰がどの遺産を相続するかについて、話し合うことになる。

申告期限から3年以内なら更正の請求ができるので、その間に遺産分割協議がまとまれば、払いすぎた税金が戻ってくることになるわけだ。

ところが、万一、3年以内に遺産分割協議が整わなければ、当然のことながら払いすぎた相続税を取り戻すことはできなくなる。

私は、仕事柄、遺産分割協議をもう10年近くもやっている人に出会ったことがあるが、相続開始から10か月以内に遺産分割がまとまらないと、その後もまとまらない危険性は高い。

このようなことからも、遺産分割は、必ず申告期限までに行うことがベストであることがおわかりいただけるだろう。

相続税の基礎知識⑪

分割対策の特効薬はズバリ「遺言」

相続対策において、遺産をどのように分けるのか。その分割対策が重要なのは理解できたことと思う。

それでは、円滑に遺産分割を行うにはどのような対策をしておけばいいのだろうか。

遺産分割を円滑に行うための、誰でもできる一番カンタンな方法が**「遺言」**である。

遺言がある場合には、遺言どおりに遺産を分割するのが基本になる。

たとえば、「妻には自宅、長男にはアパートを相続させる」と書いてあれば、そのとおりに遺産を分割することになる。

「遺言書」は、死亡した人の意思なので、法定相続分がどうであれ、何よりも優先されるべきものだからである。

このように、生前に「誰に何を相続させる」といった**遺言書を作成しておけば「相続争い」が起こる可能性は低くなる**。

遺言書の作成方法には、**①自筆証書遺言、②公正証書遺言、③秘密証書遺言**の3つの方法がある。

ただし、遺言書の書き方には「一定の決まり」があり、それに沿わない遺言書

図31●3つの遺言の仕方

① 自筆証書遺言	この遺言書のよい点は、証人が不要で、自宅で作成できる。ただし、遺言者に全文、日付、氏名を自書・押印する必要がある。注意点として、相続財産についてすべてを明記しなければならない。法的に有効な遺言書を書く場合には、土地の地番や広さ、どの銀行のいくらの預金などの詳細を明記する必要がある
② 公正証書遺言	公証人役場で作成するもので、法的には有効な遺言書ができる。公正証書遺言は家庭裁判所の検認も必要ないし遺言の元本を公証人が保管するので、偽造や隠匿の危険がない。証人が2人以上必要であるが、公証人役場で手配してくれる。確実な遺言書の作成には、これが一番
③ 秘密証書遺言	これは遺言書の存在を公証人に証明しておいてもらう方法。公証しておくので、偽造などの危険がない。内容自体は公証しないので、あとで揉め事になる可能性はある。公証人には守秘義務（業務上知り得た情報を他に漏らさない義務）があるので、通常は②公正証書遺言を作成する場合がほとんど

はすべて無効になってしまうので注意が必要だ。

一番安全確実な遺言の方法は、**②公正証書遺言で作成する**ことである。公正証書遺言は、公証役場にいる公証人が作成し、20年間は公証役場に保管されるので、紛失、偽造などの恐れもない一番安全確実な遺言の方法である。

相続税の基礎知識⑫

遺留分があるから遺言も万能ではない

分割対策上、遺言はとても有効な方法であるが、実は遺言をしていても相続争いを完全に払拭することはできない。

なぜなら、相続人には**「遺留分減殺請求権」**があるからである。

「遺留分」というのは、相続人が最低限、相続を受ける権利を認めているものだ。

極端な話をしよう。たとえば、遺言をすれば、妻子がいるのに愛人に１００％財産を相続させるといったことは、法律上は可能だ。

しかし、そうしてしまうと、いままで住んでいた家にも住めなくなるし、残された妻子の生活を脅かしてしまうことにもなりかねない。

そこで、どんな遺言があったとしても、最低限、相続人の相続できる権利を認めているのが「遺留分」というわけなのである。

「遺留分」は、配偶者と子が相続人の場合、それぞれ**本来の法定相続分の2分の1が「遺留分」**となる。

たとえば、配偶者の法定相続分は2分の1だから、その2分の1の4分の1が「遺留分」になる。

その配偶者との間に子供が2人いる場合には、それぞれの相続分は2分の1×2分の1×2分の1の計8分の1が「遺留分」となる。

この「遺留分」は直系尊属である父母にも認められて、父母の「遺留分」は3分の1になる。

ただし、「遺留分」は、第3順位の兄弟姉妹にはない。

このように「遺留分」という権利が認められている限り、いくら遺言をしたとしても、完全に相続争いの可能性をなくすことはできない。

しかし、実は、この相続争いを完全になくすことができる方法が存在する。

それは「生前贈与」である。

生前贈与は分割対策の切り札

相続争いを完全になくすためには、生前に資産を渡してしまえばいい。

つまり、生前贈与をすればいいのである。

たとえば、生前にアパートを長男に贈与してしまえば、その名義は親から長男に書き換わる。

仮に、親が亡くなっても、すでにアパートの名義は長男になっているので、相続財産には含まれない。つまり、相続争いもなくなるわけである。

ただし、贈与には、高額な「贈与税」が課せられる。贈与税には年110万円までの基礎控除があり、それを超える贈与に対して贈与税がかかってくる。

贈与税は累進課税となっているので、贈与が多ければ多いほど税率が高い。また、贈与税は相続税よりも税率が高い。

そこで、贈与税がかからない範囲で贈与をするとしよう。

しかし、そうすると1人当たり1100万円を贈与するのに、なんと10年もかかってし

図32 ●贈与税の速算表

贈与税の速算表（2003年度以降分）		
基礎控除および配偶者控除後の課税金額	税率（%）	控除額
0～200万円以下	10	0万円
200万超～300万円以下	15	10万円
300万超～400万円以下	20	25万円
400万超～600万円以下	30	65万円
600万超～1,000万円以下	40	125万円
1,000万円超	50	225万円

<計算方法>
{贈与額－（配偶者控除2000万円まで）－基礎控除（110万円）}

まうことになる。これでは大して多くの贈与ができない。

このように、相当な規模の資産家が生前贈与をする場合、長期的な贈与計画が必要になる。また、将来支払うであろう相続税と贈与税のバランスをよく検討し、ある程度の贈与税を払う覚悟がなければ、相当の資産を贈与することができない。

贈与がいかに分割対策に有効であっても、これが贈与のデメリットなのである。

しかし、2003年に、従来の贈与制度のデメリットを解消できる新たな制度が誕生した。

それが**「相続時精算課税制度」**である。

「相続時精算課税制度」は分割対策の特効薬

「相続時精算課税制度」は、分割対策を行ううえで、極めて優れた制度である。

この制度の基本的な考え方は、生前に贈与した贈与財産と相続財産を合算して税額計算するというもの。

つまり、生前に贈与した財産を相続財産に足して相続税を計算した後に、すでに支払っている贈与税をそこから差し引いてくれるということなのである。

さらにこの制度には、**贈与財産2500万円までは特別控除があるので、贈与税はかからない**。この特別控除額2500万円を超えた金額に対して**一律20%の贈与税**がかけられることになる。従来の贈与に比べると、特別控除の枠が多く、税率も低い。

ちなみに、この2500万円は贈与額の合計なので、複数回、贈与の機会があってもかまわない。

さらに、この控除枠は、贈与者1人当たり2500万円なので、贈与者が父、母の2人いた場合、それぞれから2500万円、合計5000万円までは贈与税がかからなくなる。

この制度を利用すれば、もしこれからも相続税や贈与税の税率が変わらなかったとすると、将来、支払うであろう相続税にはほぼ変わりなく、生前に名義だけを子に移転することができる。

さて、「相続時精算課税制度」は、分割対策として優れた制度であるが、この制度を利用するためには、２つの条件と１つの注意点がある。

- 65歳以上の親から20歳以上の子供への贈与であること。
- いったん、この制度を選択すると、従来の贈与（暦年課税）に戻すことはできない。

ということである。

注意点としては、**贈与財産は、将来値上がりするであろう財産を贈与することだ**。なぜなら、相続時に精算される贈与財産の評価額は、贈与されたときの評価額になるからである。

将来、相続時に値が下がる財産を贈与してしまうと、余計な税金を払うことになってしまうから、**贈与の際には、将来値上がりする財産から先に贈与することが基本**になる。

図33●「相続時精算課税制度」のメリット・デメリット

メリット

・2500万円まで無税で贈与できる。
・贈与者が異なるごとに選択ができる(父2500万円＋母2500万円＝5000万円)。
・税率は一律20％
・相続時の争いがなくなる。

[条件]　65歳以上の親が20歳以上の子(推定相続人)にのみできる
→　子が死亡した場合は孫もOK！

デメリット

・相続時に贈与財産を遺産として加算される。評価は贈与時の価格(ただし、すでに支払った贈与税額は控除される)。
・一度この制度を選択すると、「暦年課税」(通常の贈与)の適用を受けることができなくなる。

↓

将来値上がりする見込みの財産を贈与すること

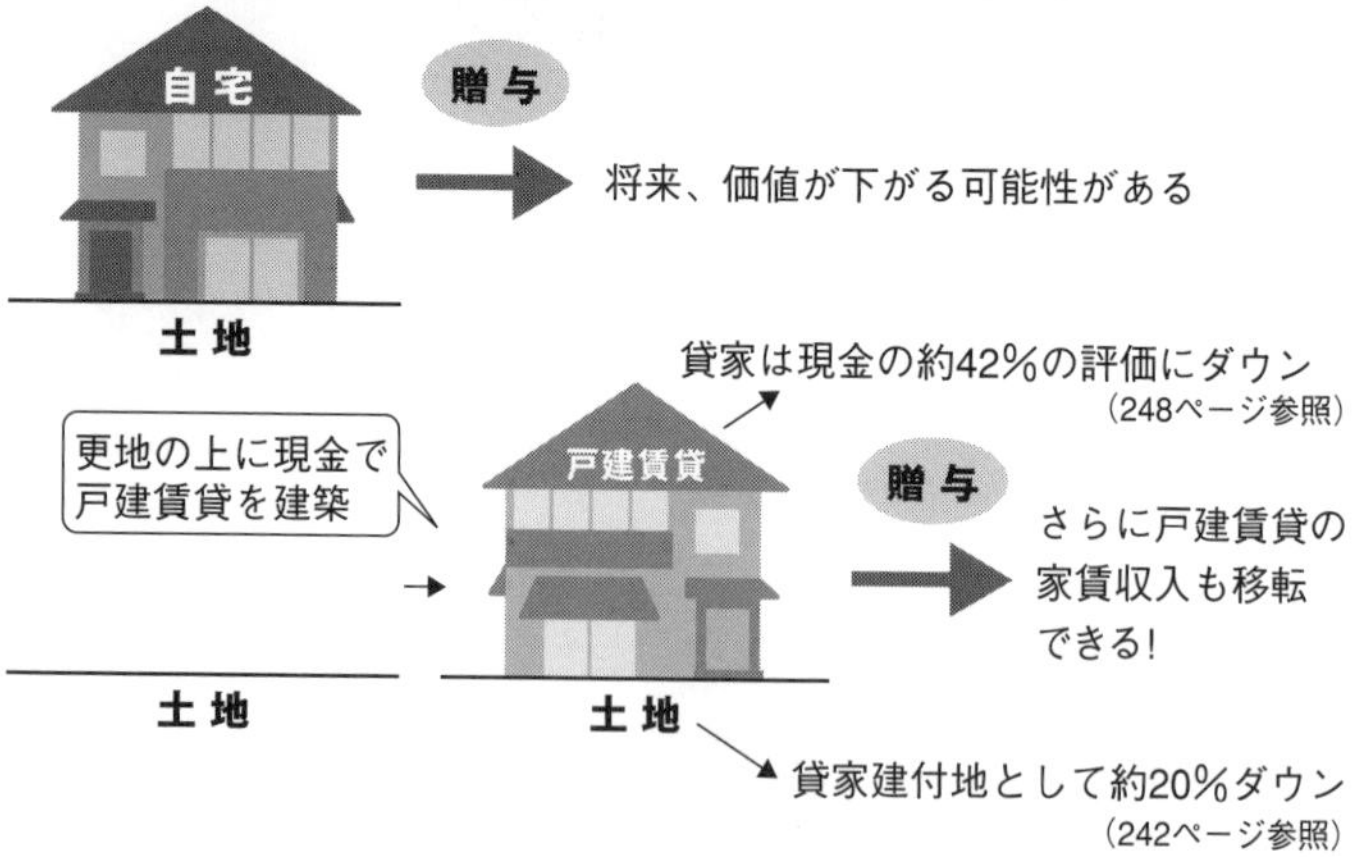
自宅
贈与
将来、価値が下がる可能性がある
土地
貸家は現金の約42％の評価にダウン
(248ページ参照)
更地の上に現金で
戸建賃貸を建築
戸建賃貸
贈与
さらに戸建賃貸の
家賃収入も移転
できる!
土地
土地
貸家建付地として約20％ダウン
(242ページ参照)

たとえば、自宅とアパートがある場合、どちらを贈与したほうが得だろうか？

答えは、アパート。自宅を贈与すると、将来、土地、建物の評価額が下落してしまう恐れがある。しかし、**アパートには、土地建物の価値のほかに家賃収入があり、その収入も子に移転することができる。**

たとえて言えば、卵よりも卵を産むニワトリを贈与したほうがおトクなのである。

土地は3つに色分けして管理せよ

相続対策と言うと、どれだけ相続税を安くするかという観点から、いかに資産を圧縮するかいうことばかり注目されてしまいがちだが、実は、納税資金対策も合わせて考えておかなければならないことは何度となく本書でお話ししてきた。

もし、相続が発生し、相続税を払わなければならなくなったが、その納税資金がないといった場合には、最悪、自宅を売って納税するということだって十分あり得る。

そうならないためにも、納税資金対策は重要なのである。

納税資金用として現金がたくさんある場合には別だが、実は**相続資産の6割は流動性の低い不動産なのである。**

だからまずは、いまある土地をどういう形で管理しておくかが納税資金対策上、最も重要になってくる。

そこで、土地は次の最低3つに色分けして管理する必要がある。

①積極的に開発していく土地
②自宅として残す土地
③売却または物納する土地

「①積極的に開発していく土地」をひと言で言うと、「稼ぐ土地」である。

おもに、商業地や通勤アクセスのよい土地がそれであるが、こうした利用価値の高い土地は、アパートやマンションなどを建てて開発していくことが望ましい。

利用価値が高い土地というのは、ただ単に儲けが出るということだけではなく、相続税評価額も高いから、資産の圧縮を図るといった理由もある。

ときどき、駅前の一等地に立派な家を建てて住み、駅から離れた土地でアパート経営をしている地主さんがいるが、実にもったいない。本来なら逆にすべきである。

次に、「②自宅として残す土地」とは、利用価値はそれほどでもないが、評価額が比較的高い土地にするといいだろう。

自宅の場合、「小規模宅地の評価減の特例」を使えば、240㎡まで80％の評価が減額されるからであるが、もちろん、評価が低くてもかまわない。

最後に、「③売却または物納する土地」とは、利用価値も評価額も低い土地のことである。

こういった土地は、売却して納税資金用として取っておく。

図34●土地を3つに色分けする

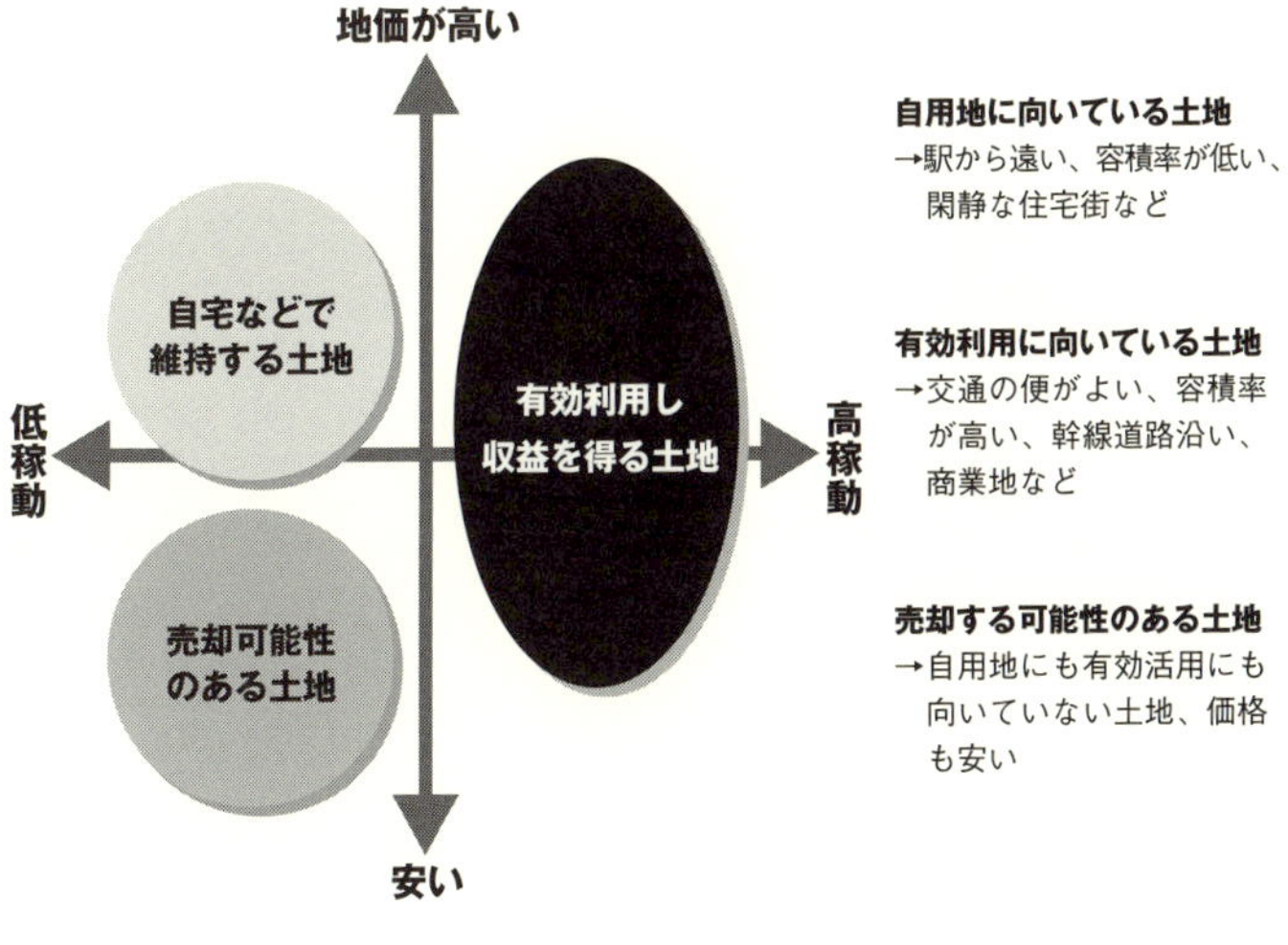

このように3つに土地を分けて管理しておけば、いざというときに困らない。

土地を色分けするには、それぞれの評価額やアパ・マンなどを作ったときのシミュレーションを行い、比較するといい。

これは、ある程度知識があればできるとは思うが、一族を巻き込む非常に重要なことなので、ある程度の費用をかけて専門家のアドバイスをもらうことも必要になるだろう。

その他の納税資金調達方法

その他の納税資金対策として、生命保険が利用されることが多い。

生命保険金には、法定相続人1人当たり500万円の相続税の非課税枠があるから、節税対策としても効果的だ。

ただし、相続対策として生命保険に加入する場合、必ず**「終身保険」**に加入する必要がある。

終身保険は、その名のとおり一生涯保証される保険のことである。そのため保険料が高いのが難点だが、うまく利用すれば効果的な相続対策手法になる。

さいごに

何気ない妻のひと言から早2年。

この間、わが家には愉快な腕白坊主が1人増え、お姉ちゃんと一緒に家中を走り回っています。

毎日、テレビの音が聞こえないほど騒がしいのですが、もう誰も「近所迷惑だから静かにしなさい」とは言いません。

お気に入りのDVDも、誰の気兼ねなく5・1chの大音量で楽しむことができるようになりました。

庭の手入れ仕事は増えましたが、草むしりもいい気分転換になっています。

もちろん、ガーデニングも始めました。子供たちと一緒に土いじりをしていると、蟻んこ、だんご虫、ムカデ、ミミズ、クワガタの幼虫など、いろいろな生き物に遭遇します。

生き物に出会った瞬間の子供たちの目は、キラキラと輝いています。

アスファルトだらけの都会で、こんな小さな幸せに遭遇できるのも、すべて戸建賃貸のおかげだと思います。

これから先、私と同じような戸建賃貸派はますます増えていくでしょう。

もし、いまあなたが、土地活用や不動産投資をお考えなら、戸建賃貸を選択肢の1つに加えてみてください。きっと多くの賃貸派の方々に喜んでもらえるはずです。

この本では、戸建賃貸の利回りのよさを強調してきましたが、まずは入居者に喜んで住んでいただけることが第一。

それが、結果的にあなたに大きな富をもたらすことになるのだと思います。


さて、本書を執筆するにあたって、今回もたくさんの方々にお世話になりました。

まずは、インタビューを快くお引き受けいただいた、平賀さん、鈴木ゆり子さん、加藤ひろゆきさん、村上宏さん。私に戸建賃貸施工のチャンスとすばらしい経験をさせてくださった、饒田伊佐夫さん、本田金治さん。本当にありがとうございました。


その他、本書で紹介できなかった大家さんもたくさんおりますが、みなさんのインタビューによって、大変多くの気づきをいただきました。

この場をお借りして深くお礼をさせていただきます。

さらに今回、最後まで妥協を許さず、丁寧な編集をしてくださった、ダイヤモンド社の寺田庸二さん、税務についてのアドバイスをくださった税理士の田中美光先生、私に建築のノウハウを教えてくださったアルルホームズ明るい株式会社の安倍社長、6500世帯ものアンケート調査を一緒にやってくれたスタッフのみんな、そして、執筆中社長不在の会社を切り盛りしてくれたFPコミュニケーションズのスタッフ全員に心から感謝します。

最後に、妻へ。

あのとき、君のひと言がなければ、この本は産まれませんでした。
もちろん、僕が「工務店のオヤジ」になることもなかったと思います。
この本が売れても売れなくても、こうして社会的意義のある本を世に出せたことに僕はいま、とても満足しています。すべては君のおかげです。心からありがとう！

でも、ちょっぴり欲を言えば、たくさんの人にこの本を読んでいただき、日本中の大家さんが幸せになって、入居者が幸せになって、印税が少しだけ増えて、僕が何かちょっとしたムダ遣いをして、君のボヤキから、また新たな気づきを得たいものです。

よって、本書を妻に捧げます。

2006年8月吉日

浦田　健

参考文献

・浦田健著『「金持ち大家さん」になるアパート・マンション経営塾』（日本実業出版社）
・浦田健著『「金持ち大家さん」だけが知っている空室が満室に変わる究極の方法』（日本実業出版社）
・浦田健著『「金持ち大家さん」になる！ ㊙裏マニュアル』（日本実業出版社）
・天野隆著『不安がなくなる相続・贈与』（フォレスト出版）
・日本相続新聞社編『はじめての相続・贈与ABC』（日本相続新聞社）
・NPO法人家づくり援護会編『実用図解　木造住宅工事チェック・ハンドブック』（作品社）
・千葉喬監修『知りたいことがズバリわかるマイホームのすべて』（日本文芸社）
・日向野利治著『新築建売住宅の上手な選び方・買い方』（すばる舎）
・アックス財産コンサルタンツ協会著『地主さん、その税金は払いすぎ！』（あさ出版）

［著者］
浦田　健（うらた・けん）
明治大学商学部卒。株式会社FPコミュニケーションズ代表取締役。
「一生、大家さん応援団長」を誓う賃貸経営コンサルティングの第一人者。不動産コンサルタント会社のほか、不動産管理会社、不動産投資会社を経営し、アパ・マン経営のワンストップサービスを展開中。過去60億円超の投資・建築企画に携わるほか、「アパ・マン経営を成功させる会」を主宰し、大家さんを中心とした500名を超える会員に経営指導を行っている。2005年、建築工事業免許を取得。「売れる戸建賃貸」を開発し、1000万円以下でできる戸建賃貸の供給を開始した。
その他、オールアバウトジャパンの「アパート・マンション経営」公式ガイドとして、記事を連載中。
著書に、ベストセラーとなった『「金持ち大家さん」になるアパート・マンション経営塾』『「金持ち大家さん」だけが知っている空室が満室に変わる究極の方法』『「金持ち大家さん」になる！　㊙裏マニュアル』（以上、日本実業出版社）がある。
宅地建物取引主任者、ファイナンシャルプランナー。一級建築施工管理技士。
※講演、取材、コンサルティングに関するお問合せは下記まで。
TEL 047-390-2175

365日毎日届く、「金持ち大家さん」の日めくり金言集、無料配信中！
金持ち大家さんになるホームページ　http://www.superfp.com

もう、アパート投資はするな！
利回り20%をたたき出す戸建賃貸運用法

2006年9月14日　第1刷発行
2011年9月14日　第6刷発行

著　者——浦田　健
発行所——ダイヤモンド社
〒150-8409　東京都渋谷区神宮前6-12-17
http://www.diamond.co.jp/
電話／03･5778･7232（編集）　03･5778･7240（販売）
装丁————轡田昭彦＋坪井朋子
図版————成田信子
DTP————デジカル デザイン室
製作進行——ダイヤモンド・グラフィック社
印刷————八光印刷（本文）・慶昌堂印刷（カバー）
製本————宮本製本所
編集担当——寺田庸二

ISBN 4-478-68033-7